신기한 수학 나라
넘버랜드

さんすうの本
ナンバーランドのふしぎな冒険

ⓒ 2022 Daisaburo Hashizume
Originally published in Japan by Yama-Kei Publishers Co., Ltd.
Translation rights arranged with Yama-Kei Publishers Co., Ltd.
Through Eric Yang Agency

이 책의 한국어판 저작권은 EYA(Eric Yang Agency)를 통한
Yama-Kei Publishers Co., Ltd.와의 독점 계약으로 사람in이 소유합니다.
저작권법에 의하여 한국 내에서 보호를 받는 저작물이므로 무단 전재 및 복제를 금합니다.

신기한 수학 나라
넘버랜드

하시즈메 다이사부로 지음 | 최현영 옮김

모험이 시작된 밤 8

수의 이름 24

덧셈 42

뺄셈 56

곱셈 72

나눗셈 90

분수 108

소수 128

도형 148

미터법 170

약수와 배수 184

신기한 수학 나라 210

마치며 232

부모님께 234

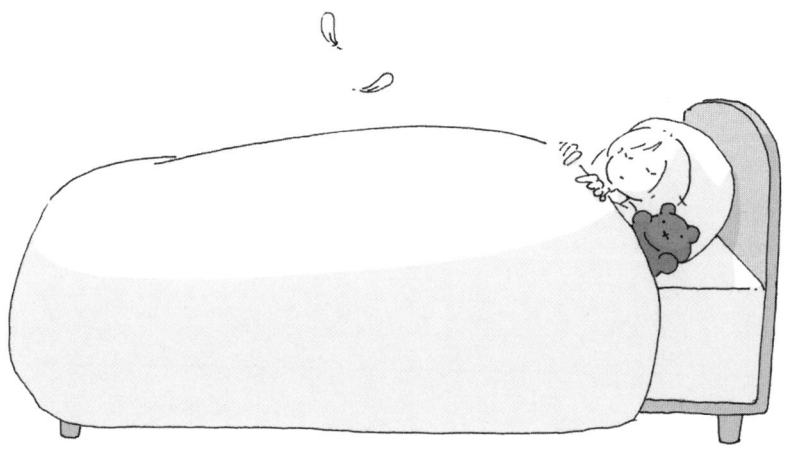

갑자기 일어난 일이었습니다.
"장미야, 일어나."
누군가가 이불을 흔들었습니다.
때는 한밤중이었죠.

어둑한 방 안에 누군가가 서 있었습니다.
중학생 정도 되는 언니였죠.
흰옷을 입고 있었어요.
장미는 깜짝 놀라 눈을 번쩍 떴습니다.

"옷 갈아입어. 바로 나갈 거니까."
이게 뭘까요? 이런 말은 들은 적이 없는데요.
"네? 어디로요?"
"넘버랜드라는 곳이야."
이런 일은 있을 수 없다고 생각하면서도 장미는 그 언니의 말대로 잠옷을 벗고 옷을 갈아입었습니다. 게다가 목도리를 두르고 장갑까지 낀 것은 왜일까요? 그리고 곧 장미는 집 밖에 서 있었습니다.

✦ 두 명의 천사

비가 그친 후의 아스팔트에 달빛이 반사되고 있었습니다.
언니 말고도 또 한 명, 흰옷을 입은 사람이 서 있었습니다.
대학생으로 보이는 오빠였죠.

합창단원이 입는 희고 긴 옷을 입고 있었습니다.

그리고 두 명 다 등에 작은 날개가 돋아 있었죠.

'앗, 천사다!' 장미는 생각했습니다.

"자, 가자."

언니와 오빠는 성큼성큼 걷기 시작했습니다.

장미도 그 둘을 따라 걷기 시작했죠.

거리는 무척 고요했습니다.

시간이 멈춘 것 같았죠.

자동차는 도로 중앙에 그대로 서 있었고, 운전자는 운전대를 쥐고 시선은 앞을 향한 채 꼼짝하지 않고 있었습니다.

편의점 계산원도 인형처럼 조금도 움직이지 않았습니다.

그런 거리를 세 명만이 쑥쑥 앞으로 나아가고 있었습니다.

천천히 걷고 있는데도 자전거보다도 빠른 속도로 지나갔죠.

'아, 이건 틀림없이 꿈일 거야.' 장미는 생각했습니다.

이름은 있긴 한데, 없어

편의점 몇 곳을 지나쳐 변두리까지 왔습니다.

패밀리 레스토랑과 고급 의류점, 다양한 가게들이 많은 쇼핑몰이 있었습니다.

이 앞쪽은 잘 모르는 곳입니다.

그곳에서 오른쪽으로 돌아서 이번에는 국도를 성큼성큼 걸어갔어요. 도로 이곳저곳에 트럭과 자동차가 멈춰 서 있었습니다.

'아까부터 궁금했던 것을 물어볼까? 언니랑 오빠는 천사예요?'
하지만 장미는 왠지 물어보기가 겸연쩍었습니다. '천사에게 "천사예요?"라고 물어봤다가 기분을 상하게 하면 어떡하지.'
그래서 이렇게 물어보았습니다.
"이름이 뭐예요?"

"이름이라……."
오빠 천사가 말했어요.
"이름은 있긴 한데, 없어."
'앗? 무슨 의미지?'
"이름이 있긴 하지만 잊어버리거든. 그래서 필요할 때 붙이곤 해. 이름으로 뭐가 좋을까?"
"지호가 좋은데. 지호."
언니 천사가 말했습니다.

"그럼, 지호라고 하자."
오빠 천사가 말했어요.
"나는 유나가 좋아. 유나로 할래."
언니 천사가 말했습니다.
"이제부터 유나라고 불러도 돼."

✦ 장미의 진짜 이름은 뭘까?

"이름 얘기가 나왔으니까."라고 언니 천사, 아니지, 유나가 말했습니다.

"장미는 성이 나 씨지? 나장미."

그렇습니다. 장미의 성은 나 씨예요.

"사실은 나 씨가 아니라는 거 알고 있어?"

장미는 그럴 리가 없다고 생각했습니다.

"앗, 설마요."

"원래는 말이야, 넘버[1]야."

"넘버라고요?"

"응, 넘버. 장미는 나 씨지만, 사실은 넘버란다. 옆집도 그 옆집도 어느 집이나 모두 넘버야."

넘버라니, 장미는 들어 본 적도 없습니다.

"앗, 왜요?"

"어느 집이든 넘버랜드와 연결되어 있기 때문이야."

'나 씨가 아니라 사실은 넘버였다니. '장미'도 진짜 이름이 아니라고 하면 어쩌지.' 장미는 걱정이 되었습니다.

왜냐하면 '장미'라는 이름을 아주 좋아하기 때문입니다. 장미 여동생의 이름은 '잎새'입니다. 잎새는 나뭇잎, 장미는 꽃 이름이죠.

그런 생각을 하는 동안 장미 일행은 점점 국도를 벗어나 전혀 모르는 곳에 도착했습니다.

---

[1] 숫자, 수, 번호, 차례 등을 모두 포함함.

✦ 넘버랜드의 수수께끼

"모르는 사람을 따라가면 안 돼."

엄마는 항상 말했습니다. '그런데 나는 지금 모르는 사람을 따라가고 있잖아.'라고 장미는 생각했죠.

"사람이 아닌걸, 천사잖아." 하고 혼잣말을 했습니다. 게다가 진짜가 아니라, 전부 꿈일지도 모릅니다.

그건 그렇고 넘버랜드에는 언제 도착하는 걸까요?

한밤중이지만 춥지는 않습니다. 게다가 아무리 걸어도 왠지 전혀 피곤하지 않아요. 그렇지만 장미는 이대로 계속 걷기만 하면 곤란하다고 생각했습니다.

그러자 바로 그때, 유나가 말했습니다.

"이제 금방이야. 넘버랜드. 이미 절반 정도 왔어."

유나는 천사라서 그런지 장미의 생각을 다 알고 있는 것 같습니다.

말을 하지 않고 생각만으로 마음이 전달된다니 편리합니다. 하지만 그래서 곤란할 때도 있겠죠.

"저기, 넘버랜드는 어떤 곳이에요?"

장미가 물어봤습니다. 넘버랜드에 관해 아는 것이 하나도 없었기 때문이에요. 그러자 지호가 대답했습니다.

"디즈니랜드 같은 곳이야. 디즈니랜드 가 본 적 있어?"

"있어요."

하지만 꽤 오래전이죠.

"넘버랜드는 말이야, 수가 주인공인 곳이야."

"수가 주인공이라고요?"

"응. 전 세계의 수가 모여 있거든. 계산 같은 걸 해."

'그럼, 학교 같은 곳이구나.' 장미는 생각했습니다.

"있잖아, 세상은 수로 이루어져 있어."

지호가 말했습니다.

"아, 진짜요?"

"수는 무척 중요해. 그러니까 수가 주인공인 넘버랜드가 생긴 거야. 넘버랜드는 '수의 나라'라고 할 수 있어."

'미키 마우스 대신에 숫자 인형이 퍼레이드 같은 걸 하는 걸까?' 장미는 생각했습니다.

"넘버랜드는 언제 생겼어요?"

장미가 물었습니다.

"좋은 질문이야." 지호가 대답했어요.

"넘버랜드는 수가 탄생했을 때 생겼어. 그건 세상이 생긴 것과 마찬가지로 오래전이야."

'그럼 세상은 언제 생겼지?' 장미는 생각했습니다.

✦ 양을 세면 잠이 온다고?

"혹시 잠이 오지 않아서 양을 세 본 적 있니?"
지호가 물었습니다.
"있긴 한데, 수를 잘 세지 못해서······."
장미의 반 친구가 알려 줬어요. "잠이 안 올 때는 양을 세면 돼. 목장의 양이 한 마리씩 울타리를 넘어오는 걸 세는 거야. 그럼 금방 잠이 오거든."
그래서 어느 날 밤, 장미는 진짜 잠이 올까 하고 해 보았습니다. 하지만 한번 해 보면 알겠지만 양들이 얌전하게 한 줄로 서 주지 않는 겁니다. 양들을 한 줄로 세우려고 하니 힘이 들어서 오히려 잠이 확 깨 버리고 말았거든요.
"바로 그거야." 지호가 말했습니다.
"양이 있어. 여러 마리의 양. 그래서 수를 셀 수 있지. 수를 센다는 것은 수가 태어난다는 거야. 그리고 양이라는 말이 없으면 양을 셀 수가 없어."
그러더니 이런 노래를 큰 목소리로 불렀습니다.

옛날 옛날, 아주 먼 옛날.
누군가가 양을 세었다네.
온 세상의 양을 데리고 왔다네.
한 마리, 두 마리, 세 마리.
일렬로 세워서 셌다네.
그랬더니 수가 생겼다네.

옛날 옛날, 아주 먼 옛날.
'양'이라는 말이 없었다네.
그랬더니 고양이랑 사자도
양과 함께 찾아왔다네.
한 줄이 아니라, 서로 밀치락달치락.
수를 셀 수 없어서
이 세상에 수는 생기지 않았다네.

지호는 노래에 푹 빠져 국도 한가운데 멈춰 서 있는 차에 부딪힐 뻔했습니다.

"이 노래는 넘버랜드에서 예로부터 전해지는 노래야."
지호가 설명했습니다.
"모두 부를 줄 알아. 유나도."
"정말요?"
장미는 유나 쪽으로 돌아보았습니다.
"다음에 불러 줄게." 유나가 짧게 말했습니다.

세 사람은 국도를 벗어나 옆길로 들어섰어요.
옆길은 산 쪽으로 이어져 있었습니다.
'양들을 한 줄로 세워서 수를 셌다. 그랬더니 수가 생겼다. 양이라는 말이 없었다. 그랬더니 고양이랑 사자도 찾아왔다. 세상에 수가 생기지 않았다.'

상미는 지호가 부른 노랫말을 머릿속으로 되뇌었습니다.

길은 점점 어두운 숲으로 이어졌습니다. 희미한 달빛 외에는 완전한 암흑이었죠. 그곳으로 점점 깊숙이 들어갔습니다.
장미는 마음이 불안해졌습니다.
'이건 꿈이야. 꿈이라면 빨리 깨면 좋을 텐데.'
어제는 장미의 아홉 살 생일이었습니다. 여동생 잎새는 케이크를 한 조각, 장미는 특별히 세 조각이나 먹었습니다. 그것 때문에 속이 더부룩해서인지 이상한 꿈을 꾸고 있는 게 틀림없습니다.

그때 유나가 말했습니다.
"이제 슬슬 넘버랜드가 보이네."
앞쪽에 희미한 불빛이 보입니다. 산꼭대기에 가까운 곳이었죠.
주위가 우뚝 솟아 있는 하늘의 성 같은 것이 보였습니다.
'산속에 이런 곳이 있다니!' 장미는 깜짝 놀랐습니다.

산길이 끝나는 곳에 밝게 빛나는 입구가 있었습니다. 놀이공원과 달리 표를 사지 않아도 들어갈 수 있는 것 같았습니다.

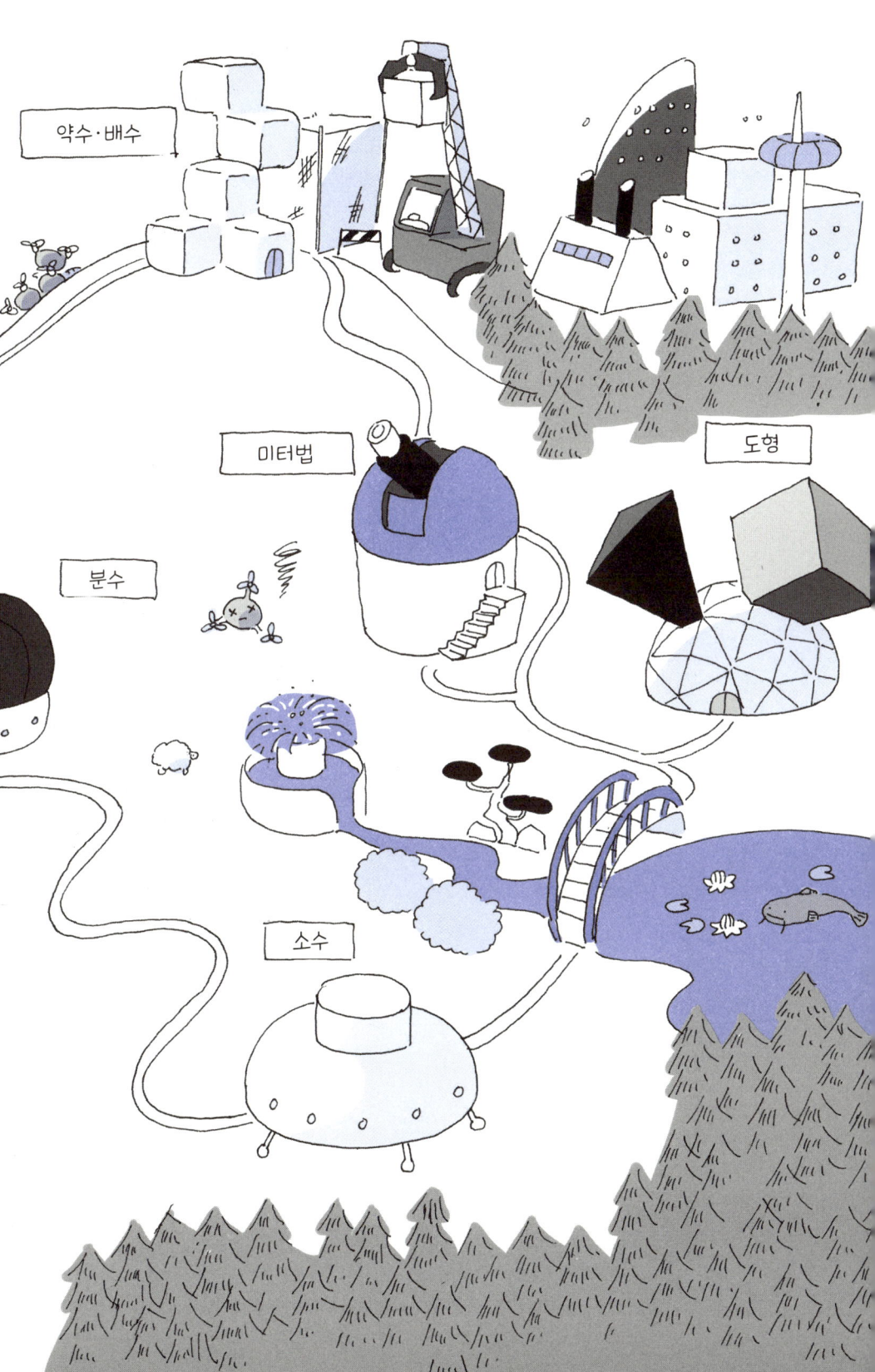

이곳서곳에 천사가 서 있었습니다. 흰옷을 입고 등에 날개가 돋아 있어서 천사라는 걸 알 수 있었죠. 잘 보니 천사를 따라다니는 어린이들도 있었습니다.

"나는 왜 여기 오게 된 거예요?" 장미가 물었습니다.
"인간 어린이는 모두 이곳에 온단다." 유나가 대답했습니다.
"한 명도 빠짐없이요?"
"한 명도 빠짐없이."
지호가 말했습니다.
"장미는 아홉 살이잖아. 아홉 살 생일 밤은 넘버랜드에 오기 딱 좋은 시기야."
자기 외에도 인간 어린이가 있다는 말에 장미는 조금 안심이 되었습니다.

넘버랜드 입구로 들어가자마자 있는 접수대에서 입장 절차를 마쳤습니다. 담당 천사가 장미에게 가슴에 다는 이름표를 주었습니다. 이름표에는 '장미'라고 쓰여 있었어요.

그리고 나서 코스의 순서를 가리키는 화살표를 따라 지호, 유나, 장미 세 명은 첫 건물로 향했습니다.

넘버랜드에는 디즈니랜드처럼 건물이 여러 동 있었습니다. 첫 건물에는 '수의 이름'이라는 간판이 걸려 있습니다.

안으로 들어가자 커다란 모니터 화면 가득 양이 비쳤습니다.

장미는 양들이 《어린 왕자》에 나오는 양과 닮았다고 생각했습니다.

"자, 줄을 서 보렴." 유나가 말했습니다.

그러자 양들이 밀치락달치락하며 울타리 앞에 한 줄로 섰습니다.

"지금부터 수를 셀 거야."

양들은 얌전히 줄을 서서 기다렸습니다.

"장미는 수를 몇까지 셀 수 있어?"

"100까지라면 셀 수 있어요."

장미는 목욕할 때 항상 100까지 셉니다. 엄마는 "어깨까지 따뜻한 물에 담그고 100까지 세 봐."라고 항상 말씀하시죠. 동생인 잎새는 도중에 흐지부지되므로 장미가 잎새 대신에 끝까지 세어 주고는 합니다.

하지만 장미는 100보다 더 큰 수도 얼마든지 셀 수 있다고 생각했습니다.

"만까지도 셀 수 있어요."

그리고 더 큰 수도 셀 수 있을 것 같았습니다. 왜냐하면 만 다음 수는 만 일(10,001)이니까요. 그런 식으로…….

"그러면 한번 세어 볼까? 시~작!"

유나가 그렇게 말하자 양들이 울타리를 뛰어넘기 시작했습니다. 장미가 차례대로 셌습니다.

"한 마리, 두 마리……."

울타리를 넘어간 양들은 얌전히 반대쪽 울타리 안으로 들어갑니다. 장미는 잠자기 전에 머릿속으로 수를 세는 것보다 훨씬 편하다는 생각이 들었습니다. "스물세 마리, 스물네 마리, ……."

점점 남은 양의 수가 적어집니다.

"서른일곱 마리, 끝!"

유나가 싱긋 웃었습니다.

"참 잘했어. 아주 좋아."

✦ 수를 세는 단위

지호가 스위치를 눌렀습니다.

그러자 화면의 양이 모두 사라지고 대신에 표가 나타났습니다.

"한 마리, 두 마리, ……. 이건 동물을 세는 경우지."

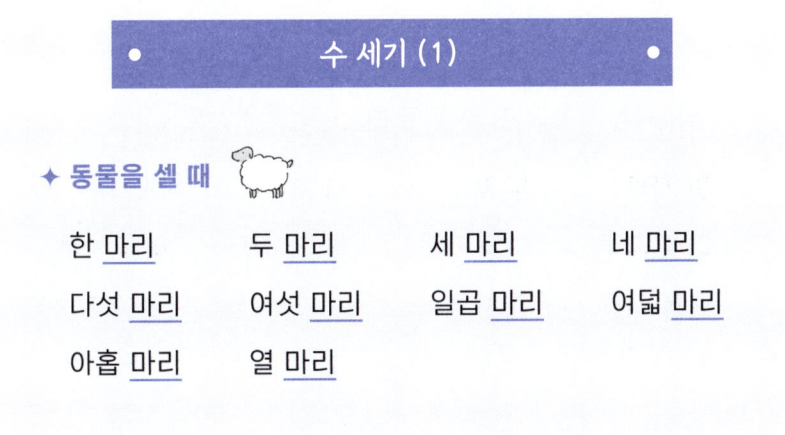

"동물을 셀 때는 '마리'를 붙여서 세."

장미는 듣고 보니 그렇다는 생각이 들었습니다.

"엄마가 책을 읽어주기 시작할 때부터 익숙하게 들어 왔던 말이고, 자연스럽게 입에서 나오니까 특별히 신경 써 본 적이 없었어요."

"자연스럽게 나온나면 충분해."

"연필처럼 길고 가는 것을 셀 때는 '자루'를 붙여. 알겠지?"

"신발이나 양말처럼 짝을 이루는 두 개를 묶어서 셀 때는 '켤레'를 붙이고."

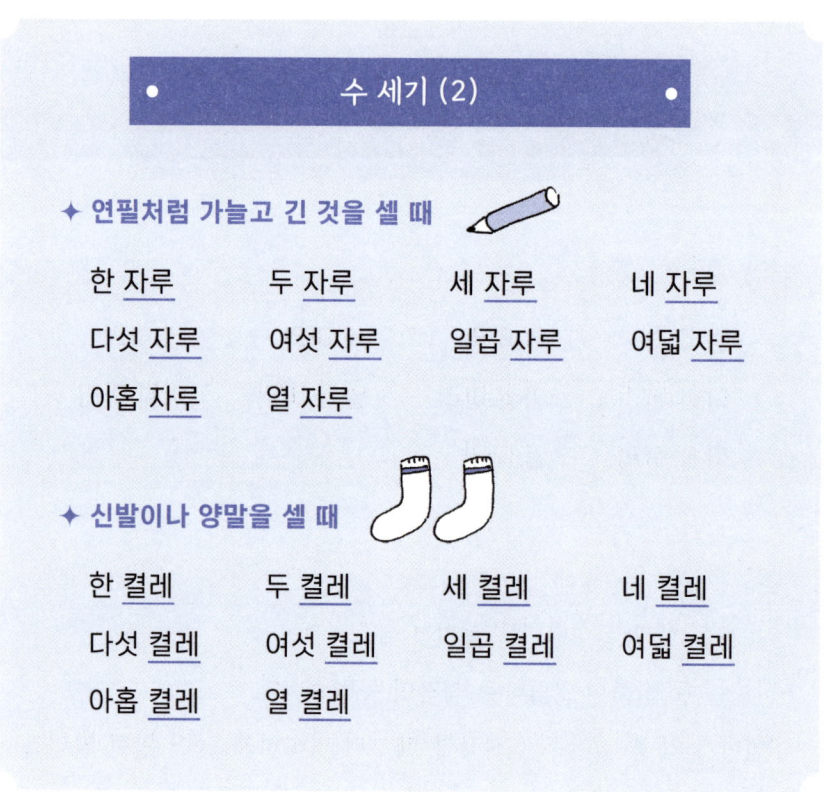

"그 외에도 수를 세는 다양한 단위가 있어. 예를 들어, 종이처럼 얇고 넓은 것을 셀 때는 '장'을 붙여서 세. 소나 말을 셀 때는 '필'을 붙이기도 해. 그런데 우리들은 보통 동물을 세는 '마리'를 사용하는 경우가 더 많지."

지호가 설명해 주었습니다. 그리고 화면은 다음 표로 바뀌었습니다.

수 세기 (3)

✦ **종이처럼 얇고 넓은 것을 셀 때**

한 장	두 장	세 장	네 장
다섯 장	여섯 장	일곱 장	여덟 장
아홉 장	열 장		

✦ **소나 말을 셀 때**

한 필	두 필	세 필	네 필
다섯 필	여섯 필	일곱 필	여덟 필
아홉 필	열 필		

"그리고 사람의 수를 셀 때는 다음과 같이 세. 한 명, 두 명, 세 명…….
열 명 다음은 열한 명과 열두 명……이 되는 것도 알아두자."

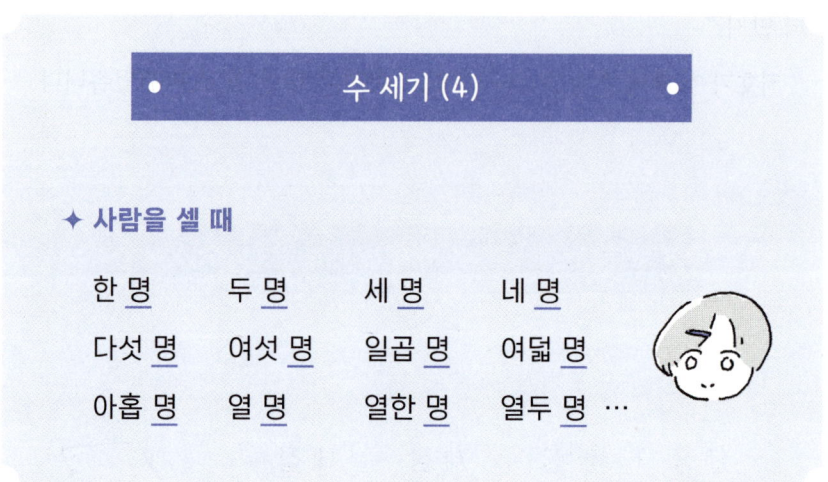

"여기까지 질문 있니?" 유나가 물었습니다.

"아뇨, 없어요." 장미가 답했어요.

지호는 화면에 다음 표를 띄웠습니다.

수 세는 법과 수의 이름

1 하나 일	2 둘 이	3 셋 삼	4 넷 사	5 다섯 오
6 여섯 육	7 일곱 칠	8 여덟 팔	9 아홉 구	10 열 십

"윗단은 우리말 고유어 수 표현이고, 아랫단은 한자어 수 표현이야. 고유어 수 표현은 주로 개수 등을 셀 때 쓰고 한자어 수 표현은 번호 등을 말할 때 써."

지호가 설명했습니다.

"수 자체를 나타낼 때는 1, 2, 3……과 같이 숫자를 써. 그걸 읽을 때 일, 이, 삼……으로 읽고."

✦ 아라비아인이 사용했던 숫자

"혹시 질문 있니?" 유나가 물었습니다.
"음, 열(10) 다음 20, 30, 40 등은 우리말로 어떻게 읽어요?"

"좋은 질문이야." 지호가 말했습니다.
"20은 스물, 30은 서른, 40은 마흔, 50은 쉰이라고 해."

"우리는 학교나 사회에서 보통 1, 2, 3……과 같은 숫자를 사용하는데 이것을 **아라비아 숫자**라고 해."
"아라비아요?"
"인도에서 더 서쪽으로 가면 있는 곳이야. 그곳에 살았던 아라비아인들이 사용했던 숫자여서 아라비아 숫자라고 하는 거야." 유나가 가르쳐 주었습니다.
"그럼, 말이 나온 김에 아라비아 숫자와 우리말 이름을 차례대로 더 써 볼까?"

지호는 화면에 표가 나오게 했습니다.
"아라비아 숫자는 수학 시간에 사용해."

아라비아 숫자 읽기

1 일   **2** 이   **3** 삼   **4** 사   **5** 오

6 육   **7** 칠   **8** 팔   **9** 구   **10** 십

100 백   **1000** 천   **10000** 만

우리말로 수 읽기

20 스물   **30** 서른   **40** 마흔   **50** 쉰

60 예순   **70** 일흔   **80** 여든   **90** 아흔

✦ 수는 어디까지 커지나요?

설명을 마치고 나서 지호가 장미에게 물었습니다.

"장미는 만까지 수를 셀 수 있다고 했지?"

"네. 아마도 더 큰 수도 셀 수 있을 것 같아요."

"그럼, 그것보다도 더 큰 수를 계속해서 세다 보면 어떻게 될까?"

장미는 잠시 생각해 보았으나, 잘 모르겠습니다.

"어떻게 돼요?"

장미의 질문에 지호는 이렇게 말했습니다.

"아무리 큰 수를 센다고 해도 끝은 없어. 영원히 그 앞에는 더 큰 수가 존재하니까. 하지만……."

지호가 얼굴을 좀 찡그렸습니다.

"수를 계속 셀 수 있으려면 수에 이름을 붙여 줘야 해. 그러면 수에 어떤 식으로 이름을 붙이는지, 그 이야기를 해 볼까?"

"자, 수는 하나씩 점점 커지지. 모두 각각 다른 수야. 이것 모두에 각각 이름을 붙여 줘야 하는데 어떻게 하면 좋을까?"

장미는 귀담아듣고 있었습니다.

"장미의 반은 몇 명이지?"

"서른 명이요."

"친구들 이름을 전부 외울 수 있니?"

"반이 바뀌고 난 직후에는 모르는 애도 있었는데 지금은 거의 다 외워요."

"같은 학년, 다른 반 아이들 이름도 알아?"

"모르는 애도 있어요."

"그렇겠지. 이름을 외우는 건 그리 쉬운 일이 아니니까."

"수가 백 개 있다면 백 개의 이름이 필요해. 천 개 있다면 천 개의 이름이 필요하고. 만 개 있다면 만 개의 이름이 필요하지. 전부 외울 수 있을까?"

"만 개는 무리일 것 같아요. 다 못 외워요."

"맞아. 그런 식으로 수에 이름을 붙인다면 전부 외울 수가 없어. 다루기도 어렵지. 그래서 아주 대단한 아이디어를 생각해냈어."

지호가 스위치를 누르자 화면에 한 무리의 양이 나타났습니다.

양들은 뒤죽박죽인 채로 여기저기 돌아다니고 있었습니다.

유나가 말했습니다.

"10마리씩 모여."

그러자 양들은 유나의 말을 따라 열 마리씩 모이기 시작했습니다. 한 묶음. 또 한 묶음. 또 한 묶음. 그리고 7마리가 남았습니다.

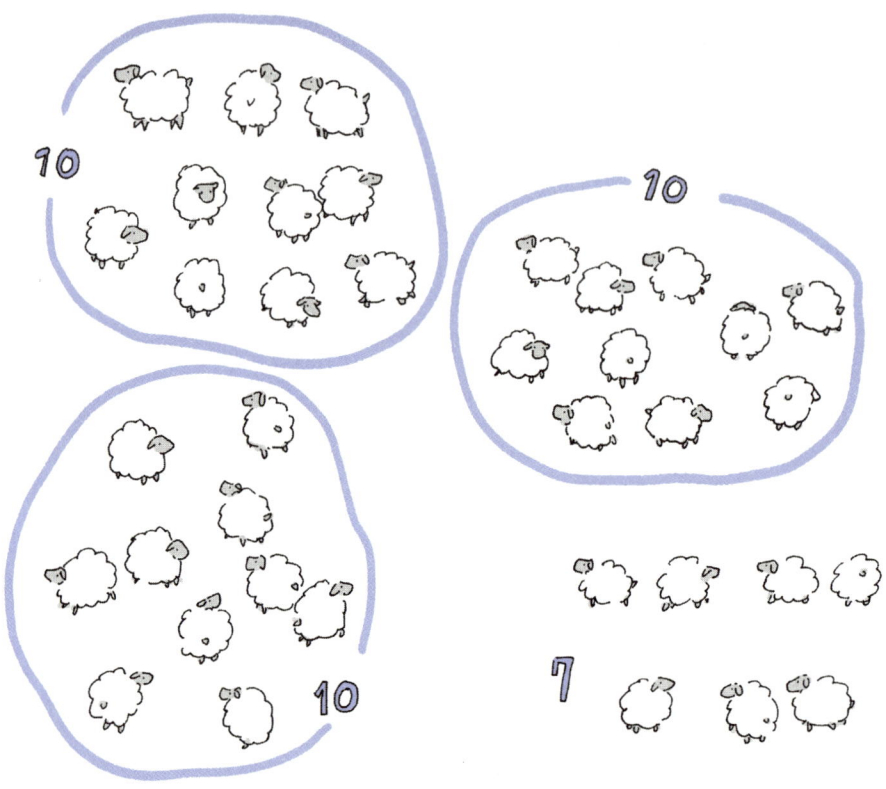

지호가 설명합니다.

"잘 봐. 10마리씩 묶은 묶음이 세 개. 그리고 묶이지 않는 양이 7마리야. 10개씩 묶음이 3개 있으면 30(삼십)이라고 해. 30과 7을 합해서 37(삼십 칠)이라고 하지. 그래서 양은 37마리가 되는 거야. 이 방법을 사용하면 1부터 9까지의 수의 이름을 이용해서 더욱 큰 수에 이름을 붙일 수가 있어. 장미가 학교에서 배우고 있는 것도 이런 방식일 텐데. 그렇지?"

"네. 이 방식이에요."

"맞아. 이 방식을 십진법이라고 해."

✦ 10개씩 묶음을 만들자

"그럼, 왜 수를 셀 때 10개씩 묶음을 만들었을까?"
지호가 물었습니다.
"그건...... 손가락이 다 합해서 10개라서 그런 것 같은데요."
"맞아. 예전에는 틀림없이 모두 손가락을 사용해서 수를 세었을 거야. 그래서 전 세계에서 지금까지 십진법을 사용하고 있어."

지호는 이어서 설명했습니다.
"그럼 더 큰 수로 10개씩 묶음을 만들었는데도 그 수가 너무 많아져 버리면 어떻게 할까?
그 경우에는 10개씩 묶음을 10개 모아 더 큰 묶음을 만들어. 10개씩 묶음을 10개 모은 것을 100(백)이라고 해. 100이 2개면 200(이백), 100이 3개면 300(삼백)...... 이런 식으로 말하면 되는 거야.
100개씩 묶음을 만들었는데도 그 수가 너무 커져 버린다면 이번에는 100개씩 묶음을 10개 모아 묶음을 만들어. 이것을 1,000(천)이라고 해.
1,000개씩 묶음을 10개 모으면 10,000(만)이라고 하고,
10,000개씩 묶음을 10개 모으면 100,000(십만)이라고 하지.
100,000개씩 묶음을 10개 모으면 1,000,000(백만)이라고 해.
1,000,000개씩 묶음을 10개 모으면 10,000,000(천만)이 되지.
10,000,000개씩 묶음을 10개 모으면 100,000,000(일억)이 되고.
만 → 억 → 조 → 경 → ...... 이런 식으로 만 배씩 커져."

"여기까지 질문 있니?"

유나가 장미에게 물었습니다.

"영(0)은 뭐예요?"

장미는 전부터 궁금했습니다. '영(0)은 양이 한 마리도 없다는 것일까? 그렇다면 영(0)은 수라고 할 수 있을까?'

"영(0)은 셀 수 있는 것이 존재하지 않는다는 것을 나타내는 수야. 그렇지?" 유나가 지호에게 말했습니다.

"영(0)은 수야. 우선은 영(0)이 수라는 것이 중요한 점이지." 지호가 말했습니다.

"10개씩 묶음마다 수에 이름을 붙이는 십진법 방식은 세계 이곳저곳에서 발생했어. 하지만 영(0)을 사용하여 십진법으로 수를 나타낸 것은 매우 기발한 아이디어였지. 덕분에 계산이 무척 쉬워졌어.

영(0)을 발견한 건 인도인이야. 그것이 아라비아에 전해져서 아라비아 숫자가 되었고, 그것이 전 세계로 퍼진 거야."

지호는 수에 관한 이야기를 할 때는 무척 즐거운 것 같았습니다. 대단히 활기찬 모습으로 이야기를 하는 걸 보면요.

"영(0)이 있으면 무엇을 할 수 있을까? 0에서 9까지 10개의 숫자만을 사용해서 얼마든지 큰 수를 나타낼 수가 있어. 그것은 '자릿수'가 생기기 때문이야.

10을 예로 들면,

        1   0

   (십의 자리) (일의 자리)

오른쪽 끝에서 첫 번째 자리를 일의 자리, 두 번째 자리를 십의 자리라고 정해 두었을 때 '10'이라고 쓰여 있으면 10개씩 묶음 1개와 낱개가 0개(하나도 없음) 있다는 의미야. 즉, 10이라는 수를 의미하지. 영(0)이 없다면 이렇게 쓸 수가 없어. 인류의 대발명이라고 할 수 있지."

✦ 가장 큰 수는 무엇일까?

지호는 이어서 설명했습니다.
"이 자릿수를 이용하면 아무리 큰 수라도 나타낼 수가 있어. 예를 들어,

52301141

이건 오천이백삼십만 천백사십일이 되고,

23518879020034591145287434450923431

이건 읽는 법은 모르겠지만, 틀림없이 존재하는 수라는 거지.
어떤 수라도 그것보다 큰 수를 계속 생각해낼 수 있으니까 최종적으로 가장 큰 수를 나타내는 것은 불가능해. 하지만 어떤 수라도 표현할 수 있어."

유나가 말했습니다.
"그럼, '수의 이름' 건물에서는 여기까지 하고 다음 건물로 가 볼까?"
세 명은 진행 방향을 따라 다시 걷기 시작했습니다.

이번 건물 입구에는 '덧셈'이라는 간판이 붙어 있었습니다.

장미가 고개를 들자 달이 보였습니다. 넘버랜드에서는 천사와 아이들이 돌아다니고 있지만, 하늘의 달은 줄곧 같은 곳에 걸려 있어서 바깥 세계에서는 시간이 멈췄다는 것을 알 수 있었습니다.

입구를 막 들어선 곳에 또 다른 모니터 화면이 있었고 거기에는 덧셈에 관한 설명이 나와 있었습니다.

덧셈이란 무엇일까?

2마리(두 마리) + 3마리(세 마리) = 5마리 (다섯 마리)

첫 묶음의 양을 세 보니 2마리.

다음 묶음의 양을 세 보니 3마리.

양을 하나로 합쳐서 세 보니 5마리.

이것을 식으로 쓰면 이렇게 된다.

$$2 + 3 = 5$$

(이 더하기 삼은 오)

이것이 덧셈이다.

"이거 배웠어요!" 장미가 말했습니다. "알아요. 쉬워요."
"그래?" 유나가 말했습니다.
"그럼 똑같은 건데 이것도 보자."

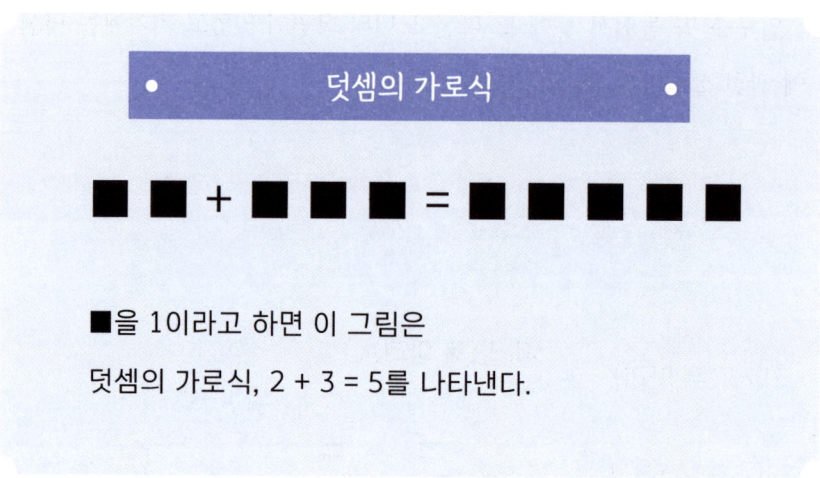

"'2 + 3 = 5' 같은 형태를 덧셈의 '가로식'이라고 해. 나중에 '세로식'도 해 보자." 유나가 말했어요.

"그럼, 다음으로 이걸 볼래?"
유나는 화면에 새로운 표를 띄웠습니다.

전부 100개의 덧셈식이 줄줄이 늘어서 있습니다.
"이것도 배웠지?"
장미는 "네, 전부 할 수 있어요."라고 기운차게 대답했습니다.

한 자리 수의 덧셈

0 + 0 = 0	1 + 0 = 1	2 + 0 = 2	3 + 0 = 3	4 + 0 = 4
0 + 1 = 1	1 + 1 = 2	2 + 1 = 3	3 + 1 = 4	4 + 1 = 5
0 + 2 = 2	1 + 2 = 3	2 + 2 = 4	3 + 2 = 5	4 + 2 = 6
0 + 3 = 3	1 + 3 = 4	2 + 3 = 5	3 + 3 = 6	4 + 3 = 7
0 + 4 = 4	1 + 4 = 5	2 + 4 = 6	3 + 4 = 7	4 + 4 = 8
0 + 5 = 5	1 + 5 = 6	2 + 5 = 7	3 + 5 = 8	4 + 5 = 9
0 + 6 = 6	1 + 6 = 7	2 + 6 = 8	3 + 6 = 9	4 + 6 = 10
0 + 7 = 7	1 + 7 = 8	2 + 7 = 9	3 + 7 = 10	4 + 7 = 11
0 + 8 = 8	1 + 8 = 9	2 + 8 = 10	3 + 8 = 11	4 + 8 = 12
0 + 9 = 9	1 + 9 = 10	2 + 9 = 11	3 + 9 = 12	4 + 9 = 13

5 + 0 = 5	6 + 0 = 6	7 + 0 = 7	8 + 0 = 8	9 + 0 = 9
5 + 1 = 6	6 + 1 = 7	7 + 1 = 8	8 + 1 = 9	9 + 1 = 10
5 + 2 = 7	6 + 2 = 8	7 + 2 = 9	8 + 2 = 10	9 + 2 = 11
5 + 3 = 8	6 + 3 = 9	7 + 3 = 10	8 + 3 = 11	9 + 3 = 12
5 + 4 = 9	6 + 4 = 10	7 + 4 = 11	8 + 4 = 12	9 + 4 = 13
5 + 5 = 10	6 + 5 = 11	7 + 5 = 12	8 + 5 = 13	9 + 5 = 14
5 + 6 = 11	6 + 6 = 12	7 + 6 = 13	8 + 6 = 14	9 + 6 = 15
5 + 7 = 12	6 + 7 = 13	7 + 7 = 14	8 + 7 = 15	9 + 7 = 16
5 + 8 = 13	6 + 8 = 14	7 + 8 = 15	8 + 8 = 16	9 + 8 = 17
5 + 9 = 14	6 + 9 = 15	7 + 9 = 16	8 + 9 = 17	9 + 9 = 18

"곱셈 구구가 있잖아. 구구단이나 구구법이라고도 하지. 이 표는 그것과 비슷한 덧셈표야." 유나가 말했습니다.

"이건 완전히 외워 두는 게 좋아. 한 자리 수의 덧셈을 손가락을 사용해서 계산하거나 생각하는 건 덧셈 초보자야. 보자마자 순간적으로 바로 답이 나오는 사람이 덧셈의 달인이지."

"그러려면 어떻게 하면 돼요?"

"반복하는 게 가장 좋은 방법이야. 카드놀이 같은 걸 하는 것도 좋아. 예를 들어, 카드 앞면에 '9 + 4', 뒷면에는 앞면에 쓴 수의 합인 '13'이라고 쓴 카드와 같이 여러 수의 덧셈에 관한 카드를 만들어서 쭉 펴 놓고 누가 빨리 짚는지를 겨루는 거야. 각각 카드 앞면에 9 + 4, 5 + 7, 6 + 5, 8 + 5.....이라고 쓴 카드를 늘어놓고, 선생님이 '13!'이라고 외치면 13이 되는 카드들을 찾는 거지."

"초등학교에서 특히 저학년 때 많이 해 두면 좋아. 덧셈이 빨라지거든. 나도 많이 했어." 지호가 말했습니다.

✦ 매우 편리한 세로식

"덧셈식에는 가로식과 세로식이 있어. 둘 다 의미는 같아.

한 자리 수의 덧셈을 할 때는 둘 다 별 차이가 없어. 하지만 두 자리 수의 덧셈은 세로식이 계산하기에 편리해."

유나가 이렇게 말하고는 화면에 표를 나타나게 했습니다.

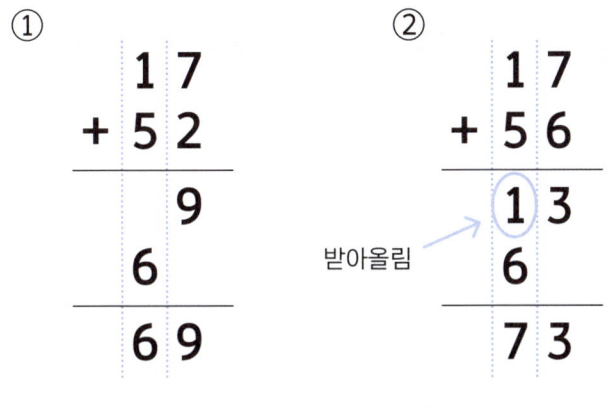

받아올림이 없는 덧셈   일의 자리에서 받아올림

"첫 번째 덧셈은 17 + 52야. 17은 10이 1개, 1이 7개. 52는 10이 5개이고 1이 2개야. 그래서 더해서 합하면 10이 6개가 되고 1이 9개가 되지. 그래서 정답은 69란다.

두 번째 덧셈도 같은 식으로 생각해서 계산하면 돼. 일의 자리의 수를 세로로 더하면 13이 되지. 일의 자리인데 새로 10이 한 개 생겼어. 그래서 십의 자리에 1, 일의 자리에 3이라고 써. 십의 자리에서는 1과 5를 더하면 6이므로 둘째 줄 십의 자리에 6이라고 써. 그러고 나서 첫째 줄과 둘째 줄을 세로로 더하면 73이 돼. 이게 답이 되는 거야.

이런 식으로 같은 자리의 수를 더해서 윗자리로 올려 줄 때가 있는데 그걸 받아올림이라고 하는 거야.

세 번째 덧셈은 일의 자리와 십의 자리에서 모두 받아올림이 있는 경우야. 우선 일의 자리를 세로로 더하면 13이 되므로 십의 자리에 1, 일의 자리에 3을 써. 다음으로 십의 자리를 세로로 더하면 14가 되지. 백의 자리에 1, 십의 자리에 4라고 써. 그리고 마지막으로 이 두 행을 더하면 153이 되는 거야."

유나가 설명했습니다.

"알겠니?"

"네. 그런데 학교에서 배운 세로식하고 달라요."

"어디가 다른데?"

"받아올린 숫자는 작게 써 두었거든요."

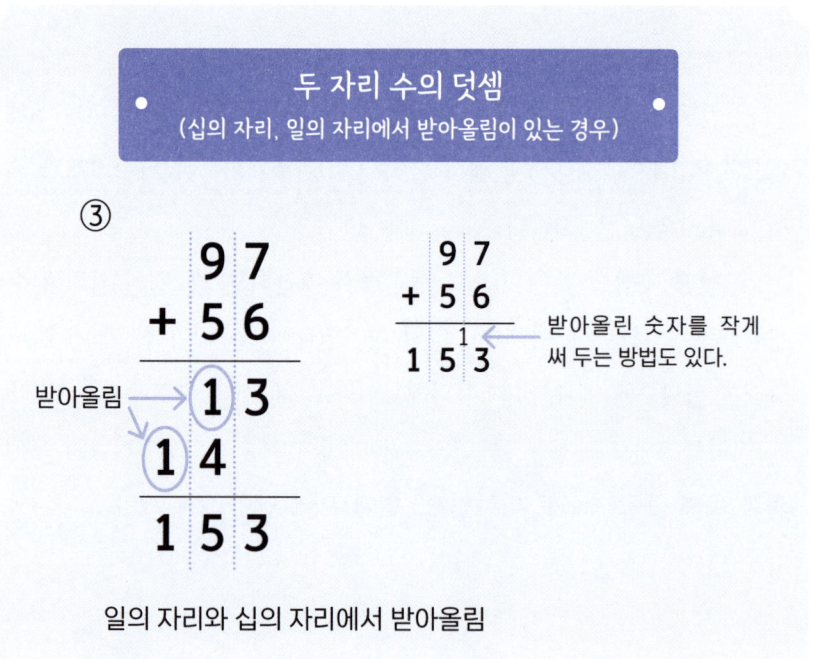

일의 자리와 십의 자리에서 받아올림

"익숙해졌다면 학교에서 배우는 방식으로 해도 돼. 지금 알려 준 건 알기 쉽게 쓴 것뿐이거든."

✦ 더하는 숫자는 순서를 바꿀 수 있다

지호가 말했습니다.

"받아올림이 있는 두 자리 수의 덧셈을 할 수 있다면 이제는 어떤 덧셈도 할 수 있어. 덧셈은 졸업해도 돼. 하지만 확실하게 익히도록 조금만 더 설명해 줄게."

그리고 화면에 새로운 표를 띄웠습니다.

덧셈의 교환 법칙

더하는 수의 순서를 바꾸어도 답은 같다. 이를 덧셈의 교환 법칙이라고 한다.

$$2 + 3 = 3 + 2$$

"2 + 3과 3 + 2는 양쪽 모두 똑같이 답은 5야. 이것을 '덧셈의 교환 법칙'이라고 해."

덧셈의 결합 법칙

먼저 더해도 나중에 더해도 답은 같다. 이를 덧셈의 결합 법칙이라고 한다.

$$(2 + 3) + 4 = 2 + (3 + 4)$$

"2 + 3을 먼저 계산한 후 나중에 4를 더한 값과 3 + 4를 먼저 계산한 후 나중에 2를 더한 값은 모두 똑같이 9야. 이것을 '덧셈의 결합 법칙'이라고 해. 참고로 식에 괄호( )가 들어 있으면 '이곳을 먼저 계산해 주세요'라는 의미야.

이 두 가지 법칙 덕분에 덧셈은 아무리 많은 수가 있다고 해도 원하는 순서대로 더해도 돼. 알겠니?"

지호가 장미에게 물었습니다.

"그런 법칙이 있다는 건 몰랐지만, 무슨 의미인지는 알겠어요." 장미가 답했습니다. "뭐랄까, 당연한 말 같기도 해요."

"이건 덧셈의 편리한 성질이야." 지호가 말했습니다.

"오케이, 그럼 이 성질을 이용하여 좀 더 복잡한 덧셈을 해 보자."

✦ 큰 수를 여러 개 더할 때는?

"그러면 이런 덧셈은 어떻게 하면 좋을까?"
지호는 화면에 좀 더 복잡한 계산식을 띄웠습니다.

복잡한 덧셈

```
    3 3 4 5 2 8 9 0
      1 2 4 4 5 6 3
    9 8 5 6 3 3 2 1
        4 0 0 3 0 0 5
    2 2 3 1 5 7 8 9
    4 5 6 6 9 2 1 2 7
    3 3 2 1 0 4 9 0 8
+     7 0 3 2 0 4 4 4
_____
```

"이렇게 큰 수를 여러 개 더할 경우는 어떻게 하면 좋을까?"

덧셈을 간단하게 하는 요령

```
      3 3 4 5 2 8 9 0
        1 2 4 4 5 6 ③
        9 8 5 6 3 3 2 ①
          4 0 0 3 0 0 5
          2 2 3 1 5 7 8 ⑨
      4 5 6 6 9 2 1 2 ⑦
      3 3 2 1 0 4 9 0 8
+       7 0 3 2 0 4 4 4
───────────────────────
                  3 7   ← 일의 자리의 합계
                3 1     ← 십의 자리의 합계
              3 7       ← 백의 자리의 합계
            2 3         ← 천의 자리의 합계
            2 7         ← 만의 자리의 합계
          2 4           ← 십만의 자리의 합계
        2 6             ← 백만의 자리의 합계
      2 9               ← 천만의 자리의 합계
      7                 ← 억의 자리의 합계
───────────────────────
  1 0 1 8 6 9 7 0 4 7
```

더해서 10이 되는 조합을 찾는다.

"계산하는 방법은 간단해. 우선 일의 자리의 수를 전부 더해. 더하는 순서는 바꾸어도 되니까 먼저 더해서 10이 되는 조합을 찾아. 그러면 계산이 편해져. 셋째 줄의 1과 다섯째 줄의 9를 합하면 10이 되지. 또 둘째 줄의 3과 여섯째 줄의 7을 합하면 10이 돼. 남은 수는 5, 8, 4이므로 암산하면 17이 되고. 따라서 일의 자리의 합계는 10 + 10 + 17을 계산해서 37이 나와.

같은 방법으로 십의 자리도 계산하면 31. 백의 자리와 천의 자리도 마찬가지로 계산하는 거야.

마지막으로 다시 한번 세로로 합계를 내면 답이 되는 거지.

이렇게 하면 엄청나게 큰 수가 아무리 많다고 해도 덧셈을 할 수 있고 반드시 답을 낼 수 있어. 알겠지?" 지호가 말했습니다.

"전자계산기나 컴퓨터를 사용하면 더 빠를 것 같은데요." 장미가 대꾸했죠.

"그건 그렇지. 하지만 종이와 연필로 직접 계산할 수 있다니 대단하지 않니?" 지호가 물었습니다.

'그렇구나, 대단한 거구나.' 장미는 생각했습니다.

"혹시 질문 있니?" 유나가 말했습니다.

"없으면 덧셈은 졸업이야. 축하해.

다음은 뺄셈. 하지만 그 전에 뭘 좀 마시면서 잠시 쉬자."

유나는 보리차 세 잔을 따라서 들고 왔습니다.

'덧셈' 건물 바로 옆에 '뺄셈' 건물이 있었습니다.

장미는 이런 한밤중에 깨어 있어 본 적이 없지만 조금도 졸리지 않아서 이상했습니다. 게다가 피곤하지도 않습니다.

넘버랜드의 건물들은 조금씩 디자인이 다르고 세련되어 장미의 마음에 쏙 듭니다. 학교 건물도 이러면 좋을 텐데요.

'뺄셈' 간판이 달린 건물에 들어가자 역시 화면이 있었습니다. 거기에는 이렇게 쓰여 있었습니다.

뺄셈은 덧셈의 역연산

2 + 3 = 5일 경우에는 5 - 2 = 3이 성립한다.

이것을 '오 빼기 이는 삼'이라고 읽고,

'뺄셈'이라고 한다.

★**역연산** 계산한 결과를 계산을 하기 전의 수 또는 식으로 되돌아가게 하는 것

"뺄셈은 말이야, 덧셈을 뒤집은 것과 같아." 유나가 말했습니다.

"2와 3을 더하면 5가 되지? 그런데 이 중에서 어느 수를 모르느냐에 따라서 덧셈이 되기도 하고 뺄셈이 되기도 해. 2와 3을 더하면 몇이 되는지 모른다면 그건 덧셈이고, 답은 5가 돼. 2에 몇을 더해야 5가 되는지 모른다면 뺄셈이 되어서 답은 3이 되지. 그래서 덧셈을 알면 뺄셈도 자연히 알게 되는 거야. 결국, 같은 거니까."

장미는 뺄셈도 학교에서 배웠습니다.

"아까 덧셈표가 있었지? 그걸 외우고 있으면 뺄셈 계산도 저절로 할 수 있을 거야." 유나가 말했습니다.

"잠깐 이거 좀 볼래?"

유나가 스위치를 누르자 화면이 바뀌었습니다.

"뺄셈표는 특별히 외울 필요는 없어. 덧셈표를 보면 바로 알 수 있으니까." 유나가 말했습니다. "게다가 덧셈표의 일부만 사용하거든."

"그리고 또 하나, 0을 빼면 어떻게 될까? 0은 아무것도 없는 것을 가리키는 수잖아. 그러니까 예를 들어, 5 + 0 = 5에서처럼 0을 더해도 원래 수는 변하지 않아. 5 - 0 = 5도 똑같이 0을 빼도 변하지 않는 거야."

뺄셈표

9 − 1 = 8 ← 1 + 8 = 9
9 − 2 = 7 ← 2 + 7 = 9
9 − 3 = 6 ← 3 + 6 = 9
9 − 4 = 5 ← 4 + 5 = 9
9 − 5 = 4 ← 5 + 4 = 9
9 − 6 = 3 ← 6 + 3 = 9
9 − 7 = 2 ← 7 + 2 = 9
9 − 8 = 1 ← 8 + 1 = 9

8 − 1 = 7 ← 1 + 7 = 8
8 − 2 = 6 ← 2 + 6 = 8
8 − 3 = 5 ← 3 + 5 = 8
8 − 4 = 4 ← 4 + 4 = 8
8 − 5 = 3 ← 5 + 3 = 8
8 − 6 = 2 ← 6 + 2 = 8
8 − 7 = 1 ← 7 + 1 = 8

7 − 1 = 6 ← 1 + 6 = 7
7 − 2 = 5 ← 2 + 5 = 7
7 − 3 = 4 ← 3 + 4 = 7
7 − 4 = 3 ← 4 + 3 = 7
7 − 5 = 2 ← 5 + 2 = 7
7 − 6 = 1 ← 6 + 1 = 7

6 − 1 = 5 ← 1 + 5 = 6
6 − 2 = 4 ← 2 + 4 = 6
6 − 3 = 3 ← 3 + 3 = 6
6 − 4 = 2 ← 4 + 2 = 6
6 − 5 = 1 ← 5 + 1 = 6

5 − 1 = 4 ← 1 + 4 = 5
5 − 2 = 3 ← 2 + 3 = 5
5 − 3 = 2 ← 3 + 2 = 5
5 − 4 = 1 ← 4 + 1 = 5

4 − 1 = 3 ← 1 + 3 = 4
4 − 2 = 2 ← 2 + 2 = 4
4 − 3 = 1 ← 3 + 1 = 4

3 − 1 = 2 ← 1 + 2 = 3
3 − 2 = 1 ← 2 + 1 = 3

2 − 1 = 1 ← 1 + 1 = 2

✦ 뺄셈과 덧셈의 차이

"덧셈과 뺄셈의 가장 큰 차이점은……." 하고 지호가 말을 시작했습니다.

"뺄셈에서는 뺄 수 없는 경우가 있다는 거야.

덧셈은 반드시 답이 나오지. 어떤 수든 서로 더할 수 있잖아. 그런데 뺄셈의 경우는 작은 수에서 큰 수를 뺄 수는 없어. 뺄 수 없으니까 답도 없지. 예를 들어, 3 - 5 같은 경우야."

"아, 배웠어요." 장미가 말했습니다. "작은 수에서 큰 수를 뺄 수 없는 건 당연하지 않아요?"

"맞아. 초등학교에서는 그렇게 배워." 지호가 대답했습니다.

"하지만 중학교에 가면 작은 수에서 큰 수를 빼는 것도 할 수 있게 돼. 중학교와 고등학교에서 배우지. 초등학교에서는 작은 수에서 큰 수를 빼는 것은 배우지 않아. 장미 말이 맞아."

"왜 작은 수에서 큰 수를 뺄 수 없는 거야?" 유나가 물었습니다.

"그건 어떤 수를 생각하는지에 달려 있어." 지호가 말했습니다.

"초등학교 수학 시간에는 0을 배우잖아. 0은 수 중에서 가장 작은 수야. 2 - 2를 계산하면 답은 0이지. 2 + 0 = 2인 것처럼. 그런데 2 - 5는 계산하려고 해도 해당하는 수가 없어. 0보다 작은 수를 배우지 않으니까. 그래서 뺄 수 없어. 초등학교에서 배운 수 중에는 답이 없기 때문이야."

배우지 않았기 때문에 뺄 수 없다니. 그 말을 듣고 장미는 조금 실망했습니다.

✦ 돈을 5원 빌리면?

"하지만 오늘은 특별히 0보다 작은 수를 생각해 보자." 지호가 말했습니다.

"어떻게 생각해요?" 장미가 초롱초롱한 눈으로 지호를 보며 물었습니다.

"자, 잘 들어 봐. 장미의 호주머니에 2원이 들어 있다고 해 보자. 1원짜리 동전 2개."

"네."

"장미는 2원을 가지고 있는 거야. 그렇지?"

"네."

"그런데 친구가 와서 '어제 내가 빌려준 5원, 돌려줘.'라고 말했다고 하자. 장미는 어제 친구에게 5원을 빌린 것을 잊고 있었던 거야. 그럼, 장미는 지금 얼마를 가지고 있는 걸까?"

"음, 그러니까......."

"만약 호주머니에 5원이 있다면 친구에게 빌린 5원을 갚을 수 있으니 딱 맞지.

갚고 나면 호주머니에는 아무것도 안 남겠지. 지금 5원이 있는데, 빌린 돈(빚)도 5원 있으니까 5 - 5 = 0이 되어 아무것도 없는 것과 마찬가지야. 사실상 가지고 있는 돈은 0원이 되는 거지.

그런데 실제로 지금은 호주머니에 2원밖에 없잖아? 빌린 5원을 갚을 수 없어. 그래서 0원을 가진 것보다 더 안 좋은 상태야. 2원을 갚고도 아직 3원의 빚이 남아 있는 거니까. 호주머니는 텅 비었고, 게다가 '빚이 3원 있는' 상태가 되는 거지."

"빚처럼 0보다 더 작은 수를 음수(마이너스)라고 해." 지호가 이어서 설명했습니다.

"그리고 -3(마이너스 삼)이라고 써. 마이너스가 아닌 것은 양수(플러스)라고 해. 그런데 일일이 플러스라고 말하진 않아."

'마이너스는 알고 있어. 겨울에 기온이 내려가서 0도보다 낮으면 -2도(마이너스/영하 2도), -5도(마이너스/영하 5도)라고 하잖아.' 장미는 생각했습니다.

지호가 스위치를 누르자 화면에 표가 나타났습니다.

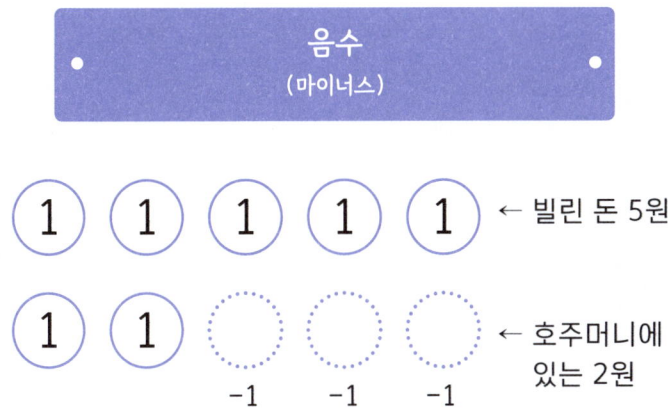

갚을 돈이 있으므로 가지고 있는 돈은
0원보다 3원 적다.
이것을 '-3원(마이너스 삼 원) 가지고 있다'라고 한다.
식으로 써 보면 다음과 같다.

$$2 - 5 = -3$$
(이 빼기 오는 마이너스 삼)

"-3원(마이너스 삼 원)이라고는 하지만, 그런 돈이 실제 있는 건 아니야. 실제로는 1원 동전, 10원 동전, 1,000원 지폐 등 돈은 전부 플러스야. 하지만 마이너스 금액을 생각해야 하는 이유는 돈을 빌리고 빌려주는 것 때문이지. 어른들의 세상에서는 회사, 은행 모두 돈을 빌리고 빌려줄 수가 있으니까."

지호는 계속해서 설명했습니다.

"양도 마찬가지야. 실제 존재하는 것은 진짜 양뿐이지. 그렇다면 양이 -3마리(마이너스 세 마리)라는 건 무슨 의미일까?

장미가 양을 키운다고 해 보자. 목장에 양이 2마리 있었는데, 지난달에 친구가 양 5마리를 장미에게 맡겼어. 그런데 지난주에 양 5마리가 병에 걸려서 모두 죽고 말았지 뭐야. 다음 달에 친구가 맡겼던 5마리를 돌려줘야 해. 그럼, 장미에게는 양이 몇 마리 있는 걸까? 2 - 5가 되어 0마리보다 3마리 적은 -3마리(마이너스 세 마리)가 있는 게 되는 거야.

음수는 나중에 중학교에서 배울 테니까 기대해."

장미는 중학교 이야기를 들을 수 있어서 조금 기뻤습니다.

✦ 두 자리 수의 뺄셈을 해 보자

유나가 말했습니다.

"그럼 뺄셈의 예를 살펴보자. 5 - 3이나 8 - 4 같은 한 자리 수의 뺄셈은 잘 알 테니까 두 자리 수의 뺄셈을 한번 해 보자."

유나가 스위치를 누르자 화면에 두 자리 수 뺄셈의 예가 나타났습니다.

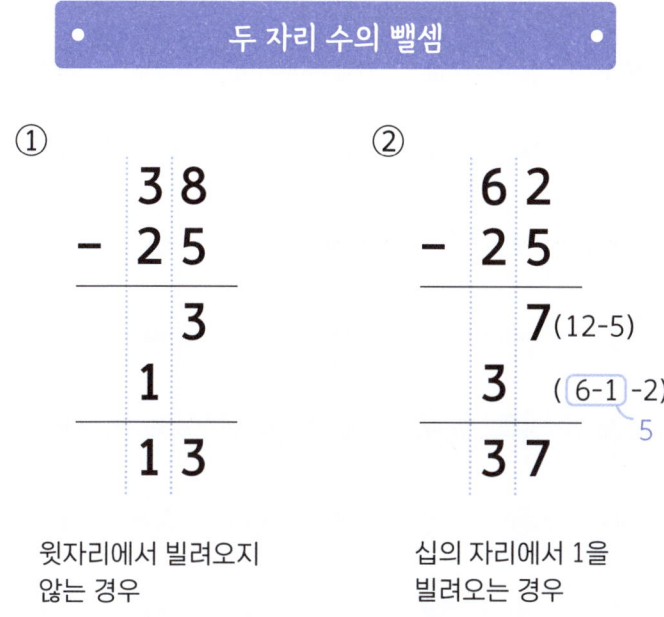

"첫 번째 예시 38 - 25는 두 자리 수의 뺄셈 중 윗자리에서 1을 빌려오지 않아도 되는 경우야. 우선, 일의 자리의 뺄셈을 하면 8 - 5가 되어 3이 되지. 다음으로 십의 자리의 뺄셈을 하면 3 - 2를 하여 1이 되고. 따라서 답은 13이 돼.

다음 예시 62 - 25는 윗자리인 십의 자리에서 1을 빌려올 필요가 있는 경우야.[2]

....
[2] 십의 자리에서 빌리는 것이므로 실은 10을 빌려오는 것임.

62와 25 둘 중에서 62가 큰 수이므로 62에서 25를 뺄 수 있을 거야. 그런데 일의 자리의 뺄셈을 하려고 하면 2 - 5가 되므로 뺄 수가 없어. 이럴 때는 윗자리인 십의 자리에서 1을 빌려와서 12 - 5의 계산을 하면 되는 거야. 여기까지 이해되니?"

"뺄셈에서 뺄 수 없을 때는 윗자리에서 1을 빌려오는 것은 배웠어요." 장미가 말했습니다.

유나가 이어서 말했습니다.

"그럼, 세 번째 예시 103 - 25를 보자.

두 자리 수의 뺄셈

③
```
   1 0 3
 -   2 5
 ───────
       8   (13-5)
       
       7   ( 10-1 -2)
                  9
 ───────
     7 8
```

백의 자리에서 1을 빌리고, 십의 자리에서 1을 빌려서 계산한다.

103과 25 둘 중에서는 103이 큰 수이므로 103에서 25를 뺄 수 있는 게 당연해.

그런데 일의 자리의 뺄셈을 하려면 3 - 5이므로 뺄 수 없어. 윗자리인 십의 자리에서 빌리려고 했더니 0이라서 빌릴 수가 없어. 그래서 그 윗자리인 백의 자리에서 1을 빌리는 거야. 그래서 십의 자리에는 9, 일의 자리에는 10이 있다고 생각할 수 있어. 10이 아홉 개니까 90, 1이 10개니까 10, 합해서 100이므로 이제 계산은 문제없어.

일의 자리는 10이 더해져서 13이 되었지. 13 - 5는 8이야. 그러니까 일의 자리에 8이라고 써. 십의 자리는 9가 되었으므로 9 - 2는 7이 되지. 십의 자리에 7이라고 써. 모두 합하면 답은 78이 되는 거야. 알겠니?"

"윗자리의 윗자리에서 빌려오는 것은 좀 헷갈려요." 장미가 말했습니다. "하지만 할 수 있어요."

"방금 두 자리 수의 뺄셈을 계산했잖아. 더 큰 수의 뺄셈에서도 윗자리에서 1을 빌려오는 방법은 똑같아." 유나가 말했습니다.

"해 보지 않으면 모르겠지만, 원리는 알 것 같아요." 장미가 말했습니다.

✦ 모두 덧셈으로 바꿔서 계산하면 돼

이번에는 지호가 말했습니다.

"그러면 덧셈과 뺄셈이 섞여 있는 경우의 계산을 알아보자. 어떤 상황일까? 예를 들어, 장미가 몇 번에 나눠서 용돈을 받고 몇 번에 나눠서 조금씩 물건을 산 경우를 들 수 있어. 잠시 이걸 볼래?"

지호는 스위치를 눌렀습니다. 화면에 새 식이 나타났습니다.

덧셈과 뺄셈이 섞여 있는 식

$$100 + 4 - 2 + 8 - 7 + 5 - 6 - 4$$
$$= 100 + 4 + 8 + 5 - 2 - 7 - 6 - 4$$
$$= 100 + 4 + 8 + 5 - (2 + 7 + 6 + 4)$$

* 덧셈과 뺄셈이 섞여 있는 식은 순서를 바꾸어 덧셈은 덧셈끼리, 뺄셈은 뺄셈끼리 묶는다.
* 빼는 수는 모두 모아서 더한 후 빼도 결과는 같다.
* 뺄셈은 마지막에 한 번만 하는 게 좋다.

"이런 식으로 생각하면 뺄셈이 아무리 많아도 덧셈으로 고칠 수가 있어. 뺄셈보다 덧셈이 계산하기 쉽지. 뺄셈은 마지막에 한 번만 하면 돼." 지호가 말했습니다.

"여러 수를 더하는 계산은 '덧셈' 부분에서 했지? 그러니까 뺄셈에 관한 설명은 이걸로 끝이네."

장미는 뺄셈에 관한 설명이 좀 더 있을 줄 알았는데 갑자기 끝나 버려서 맥이 좀 빠졌습니다.

"그러면 다음은 곱셈이구나." 유나가 말했습니다.

그래서 세 명은 '뺄셈' 건물을 나와 '곱셈' 건물로 향했습니다.

걸어가는 도중에 장미는 왠지 목구멍이 간질간질했습니다. 어느새 장미는 이런 노래를 부르고 있는 게 아니겠어요?

> 뺄셈은, 뺄셈은 말이야.
> 뺄셈이라고 부르지만, 덧셈의 부록이라네.
> 덧셈을 알면 뺄셈은 쉬워.
> 덧셈을 알면 뺄셈은 쉬워.
> 뺄셈은, 뺄셈은 말이야.
> 뺄 수 없을 때는 윗자리에서
> 빌려오는 게 조금 귀찮아.
> 그래도 그다음은 간단해, 간단해.
> 얼씨구절씨구, 덩더꿍 덩더꿍.

장미가 이런 식으로 노래를 부르는 건 처음입니다. 하지만 큰소리로 노래를 불러 보니 신이 나고 기분도 상쾌했습니다.

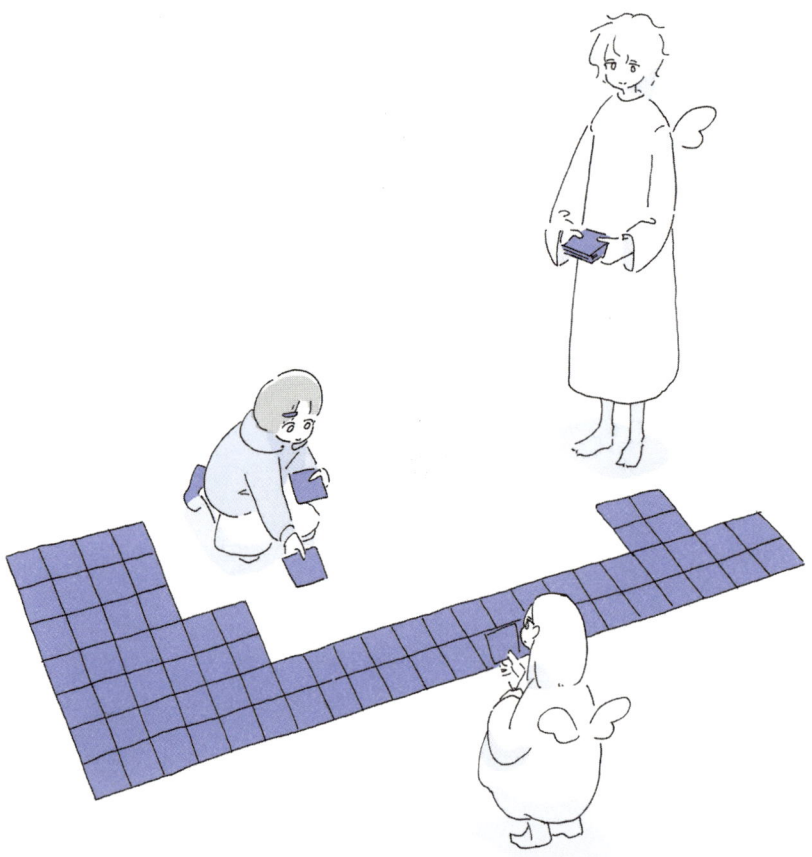

곱셈 건물은 덧셈 건물의 대각선 건너편에 있었습니다.

학교에서 곱셈을 배우는 데는 시간이 꽤 오래 걸렸습니다. 곱셈 구구 연습도 했고요. 선생님이 주신 프린트물 연습문제도 풀었습니다.

그런데도 곱셈은 덧셈이나 뺄셈과 비교하면 의미를 이해하기가 좀 어려웠습니다. 초등학교 2학년이 될 때까지 곱셈 없이도 잘 지내왔는데, 곱셈이 왜 필요한 걸까요?

✦ 곱셈이란 무엇일까?

그런 생각을 하며 장미가 '곱셈' 간판이 달린 건물의 입구로 들어가자 또 모니터 화면이 있었습니다.

지호가 물었습니다.

"장미는 곱셈을 배웠지?"

"네, 배웠어요."

"그럼 오늘은 곱셈 복습을 해 볼까? 2 × 3은 몇이지?"

"6이요."

"왜 그렇지?"

'왜라뇨, 그렇게 정해져 있으니까요.' 하지만 어떤 식으로 설명해야 좋을지 잠시 망설이고 있다가 장미는 "왜죠?"라고 되물었습니다.

그러자 지호가 말했습니다.

"그럼 그걸 한번 설명해 보자. 잠깐 이걸 봐."

지호가 스위치를 누르자 곱셈에 관한 설명이 화면에 나타났습니다.

곱셈이란 무엇일까?

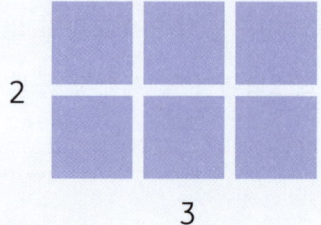

직사각형 형태로 놓은 타일이 있다고 하자. 이때 세로에 몇 개가 있는지(2), 가로에 몇 개가 있는지(3), 수를 세어서 전체가 몇 개인지(6)를 계산하는 것이다.
이를 식으로 나타내면 다음과 같다.

$$2 \times 3 = 6$$

(이 곱하기 삼은 육)

"타일 한 장이 1을 나타낸다고 하자. 타일을 붙여 직사각형을 만들었어. 타일은 세로로 몇 장 놓여 있지?"

"두 장이요."

"가로에는 몇 장 놓여 있지?"

"세 장이요."

"그럼 전부 몇 장일까? 타일을 1장씩 세 봐."

장미는 척 보면 알 수 있다고 생각하면서도 한 장씩 세 보았습니다.

"하나, 둘, 셋, 넷, 다섯, 여섯. 여섯 장이요."

"맞아. 정답이야. 세로가 두 장, 가로가 세 장이면 전부 합해서 여섯 장이야. 세 보지 않아도 그게 당연하지. 이게 2 × 3이잖아.

　이 원리는 세로가 몇 장이든 가로가 몇 장이든 똑같아. 세로가 몇 장인지, 가로가 몇 장인지만 알면 전체가 몇 장인지 일일이 세지 않고도 계산으로 알 수 있어. 만약 타일이 수만 장 있다면 일일이 세기가 무척 힘들겠지? 그런데 이 방법으로 계산해서 알 수 있다면 수고를 덜 수 있을 거야. 그렇겠지?"

곱셈 구구를 외우면 어떤 곱셈도 할 수 있어

이번에는 유나가 말했습니다.

"곱셈 계산의 기본이 되는 것은 곱셈 구구인데 곱셈 구구는 한 자리 수 곱셈의 답을 모아 놓은 거야. 배웠지?"

"네, 배웠어요."

"그럼, 곱셈 구구를 정리해 놓은 표를 한번 볼까?"

유나가 스위치를 누르자 화면에 표가 나타났습니다.

곱셈 구구표

1 × 1 = 1	2 × 1 = 2	3 × 1 = 3	4 × 1 = 4	5 × 1 = 5
1 × 2 = 2	2 × 2 = 4	3 × 2 = 6	4 × 2 = 8	5 × 2 = 10
1 × 3 = 3	2 × 3 = 6	3 × 3 = 9	4 × 3 = 12	5 × 3 = 15
1 × 4 = 4	2 × 4 = 8	3 × 4 = 12	4 × 4 = 16	5 × 4 = 20
1 × 5 = 5	2 × 5 = 10	3 × 5 = 15	4 × 5 = 20	5 × 5 = 25
1 × 6 = 6	2 × 6 = 12	3 × 6 = 18	4 × 6 = 24	5 × 6 = 30
1 × 7 = 7	2 × 7 = 14	3 × 7 = 21	4 × 7 = 28	5 × 7 = 35
1 × 8 = 8	2 × 8 = 16	3 × 8 = 24	4 × 8 = 32	5 × 8 = 40
1 × 9 = 9	2 × 9 = 18	3 × 9 = 27	4 × 9 = 36	5 × 9 = 45

6 × 1 = 6	7 × 1 = 7	8 × 1 = 8	9 × 1 = 9
6 × 2 = 12	7 × 2 = 14	8 × 2 = 16	9 × 2 = 18
6 × 3 = 18	7 × 3 = 21	8 × 3 = 24	9 × 3 = 27
6 × 4 = 24	7 × 4 = 28	8 × 4 = 32	9 × 4 = 36
6 × 5 = 30	7 × 5 = 35	8 × 5 = 40	9 × 5 = 45
6 × 6 = 36	7 × 6 = 42	8 × 6 = 48	9 × 6 = 54
6 × 7 = 42	7 × 7 = 49	8 × 7 = 56	9 × 7 = 63
6 × 8 = 48	7 × 8 = 56	8 × 8 = 64	9 × 8 = 72
6 × 9 = 54	7 × 9 = 63	8 × 9 = 72	9 × 9 = 81

'곱셈 구구표는 역시 외울 게 많네.' 장미는 표를 보며 다시금 생각했습니다. 곱셈 구구표를 외우는 건 꽤 힘들었습니다. 특히 7단이랑 8단이 어려웠죠.

장미가 한숨을 쉬자, 유나가 말했습니다.

"이것만 확실히 머릿속에 넣어 두면 아무리 큰 수의 곱셈이라도 문제없이 계산할 수 있어."

"큰 수의 곱셈은 아직 해 본 적이 없어요." 장미가 말했습니다.

유나는 의기양양한 표정을 지었습니다.

"괜찮아. 자세히 설명해 줄 테니까."

장미는 아직 학교에서 배우지 않은 부분이 나와서 마음이 조금 불안해졌습니다.

유나가 이어서 말했습니다.

"그럼, 우선 두 자리 수의 곱셈을 해 볼까? 14 × 23 같은 거 말이야."

그러자 지호가 말했습니다.

"좋았어. 세로식으로 계산하기 전에 타일을 사용하여 두 자리 수의 곱셈을 어떻게 하는지 먼저 알아보자."

지호는 화면에 새로운 그림을 띄웠습니다.

직사각형 모양으로 놓은 타일의 세로는 14, 가로는 23이다.
전체 타일의 수는 14 × 23이라는 곱셈의 답이 된다.

① 10 × 20 부분은 200

② 4 × 20 부분은 80

③ 10 × 3 부분은 30

④ 4 × 3 부분은 12

이것을 모두 합하면 답은 322이다.

지호가 설명했습니다.

"두 자리 수와 두 자리 수의 곱셈은 네 개의 부분으로 나눌 수가 있어. 그렇게 하면 계산이 간단하고 이해하기 쉬워져.

맨 첫 부분은 10 × 20이야. 이건 세로가 10, 가로가 10인 타일 덩어리가 2개 있다고 할 수 있어.

다음은 4 × 20. 이건 세로가 4, 가로가 10인 타일 덩어리가 2개 있는 셈이지.

그다음은 10 × 3. 이건 세로가 10, 가로가 3인 타일 덩어리를 가리켜.

그다음은 4 × 3. 이건 세로가 4, 가로가 3인 타일 덩어리를 의미하지. 이것들은 전부 곱셈 구구표를 외우고 있으면 바로 답이 나오게 되어 있어.

마지막으로 각각의 부분을 다 더해. 이건 덧셈이니까 어렵지 않지? 봐, 답이 나왔잖아."

장미는 설명을 들으면서 각 부분은 알 것도 같다는 생각이 들었습니다. 하지만 장미 혼자서 이런 식으로 전체를 생각하며 푸는 건 어려울 것 같았습니다.

✦ 곱셈과 덧셈을 분해하면 편리하다

"타일로 설명한 것을 가로식으로 설명할 수도 있어." 지호가 말했습니다.

"이걸 봐."

화면에 새 내용이 나타났습니다.

곱셈과 덧셈의 관계

$14 \times 3 = (10 + 4) \times 3 = 10 \times 3 + 4 \times 3$

14×3을 그대로 계산하는 대신에
10×3과 4×3으로 나누어 계산할 수 있다.

14×23
$= (10 + 4) \times (20 + 3)$
$= 10 \times (20 + 3) + 4 \times (20 + 3)$
$= 10 \times 20 + 10 \times 3 + 4 \times 20 + 4 \times 3$

- ( )가 있을 때는 ( ) 안을 먼저 계산한다.
- ( )가 없을 때는 곱셈(×)을 먼저 계산하고 덧셈(+)을 나중에 계산한다.

"두 자리 수의 곱셈은 괄호( )와 더하기 표시(+)를 사용하여 분해할 수가 있어. 그 결과, 곱셈은 화면의 마지막 식처럼 네 개의 곱셈으로 만들 수가 있는 거야. 이게 아까 타일 그림이 나타내는 의미란다."

지호가 여기까지 설명하고 물었습니다.

"여기까지 이해했니?"

장미는 무슨 의미인지 알 것 같긴 했지만, 잠자코 있었습니다. 왜냐하면 아직 학교에서 배우지 않은 내용이기 때문이죠. 아는 것도 같고 모르는 것도 같은 모호한 기분이었습니다.

✦ 곱셈을 세로식으로 풀어 보자

"그럼 14 × 23의 계산을 세로식으로 풀어 보자." 유나가 말했습니다.

"세로식에서는 곱해지는 수를 윗줄에 쓰고, 곱하는 수를 아랫줄에 써. 일의 자리 숫자는 일의 자리에, 십의 자리 숫자는 십의 자리에 딱 맞춰 써서 세로로 정렬해야 해.

곱셈 순서는 먼저, 곱하는 수의 일의 자리와 곱해지는 수의 일의 자리, 곱해지는 수의 십의 자리…… 순서로 곱하는 거야. 그게 끝나면 두 번째로 곱하는 수의 십의 자리와 곱해지는 수의 일의 자리, 곱해지는 수의 십의 자리…… 순서로 곱해."

유나가 화면에 세로식을 띄웠습니다.

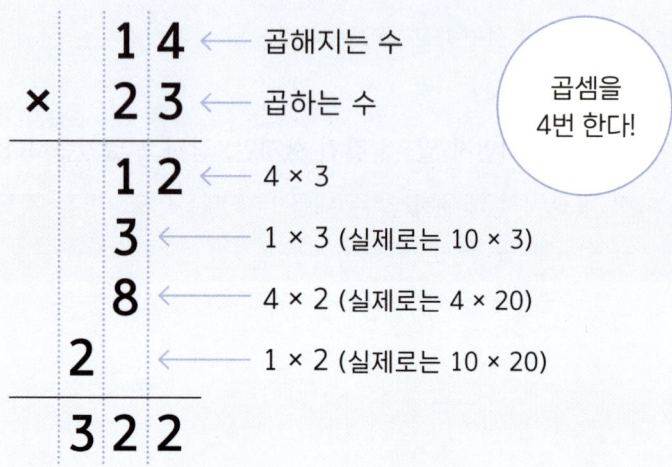

곱셈의 받아올림은 4 × 3에서만 발생한다.

"두 자리 수의 곱셈 세로식에서는 곱셈 구구를 사용하여 곱셈을 네 번 하는 거야. 자릿값을 틀리지 않는다면 반드시 정답을 얻을 수 있어."

유나가 말했습니다.

"네, 알았어요." 장미가 대답했죠.

"14 × 23은 받아올림이 적은 간단한 곱셈이므로 조금 복잡한 곱셈도 해 보자. 87 × 96은 어떨까?"

유나는 화면에 또 하나의 세로식을 띄웠습니다.

두 자리 수 곱셈 (87 × 96)

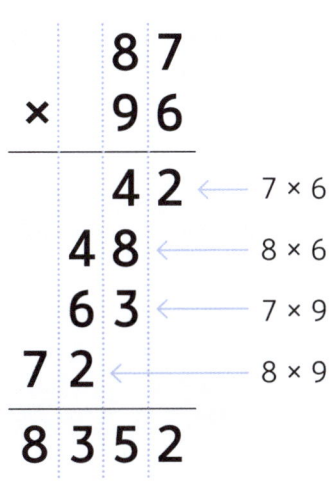

그러자 지호가 말했습니다.

"세 자리 수와 세 자리 수 곱셈의 경우도 두 자리 수 곱셈의 경우와 똑같은 방식으로 계산할 수 있어. 시험 삼아 세로식을 사용해서 계산해 볼까?"

곧 화면에 세 자리 수의 곱셈이 나타났습니다.

세 자리 수의 곱셈 (345 × 678)

```
      3 4 5
  ×   6 7 8
  ─────────
        4 0   ← 5 × 8
        3 2   ← 4 × 8
      2 4     ← 3 × 8
        3 5   ← 5 × 7
      2 8     ← 4 × 7
    2 1       ← 3 × 7
      3 0     ← 5 × 6
    2 4       ← 4 × 6
  1 8         ← 3 × 6
  ─────────
  2 3 3 9 1 0
```

학교에서 배우는 받아올림 쓰는 방법 ➡

```
        3 4 5
    ×   6 7 8
    ─────────
      2 7³6⁴0   ← 345 × 8
      2 4³1³5   ← 345 × 7
    2 0²7³0     ← 345 × 6
    ─────────
    2 3 3 9 1 0
```

세 자리 수끼리의 곱셈은 곱셈 구구를 사용한 곱셈을 아홉 번 한다.

"세 자리 수이니까 세로식의 중간 계산이 세 줄이 된단다. 곱셈 구구를 사용한 곱셈을 전부 아홉 번 하여 전부 합하면 답이 되지.

초등학교에서는 '큰 수의 곱셈' 부분에서 배우니까 그때 확실하게 익혀 두어야 해."

지호가 이어서 설명했습니다.

"두 자리 수의 곱셈, 세 자리 수의 곱셈을 할 수 있으면 네 자리 수 혹은 그보다 더 큰 수의 곱셈도 같은 방식으로 할 수 있어. 간단히 말하면, 곱셈 구구를 사용한 곱셈을 계속 반복해 갈 뿐이거든. 그러니까 틀림없이 할 수 있어."

'그렇구나.' 장미는 조금 안심했습니다. 수학이 왠지 점점 어려워지는 것 같다고 생각하고 있었기 때문입니다. 안심하는 장미의 모습을 보며 유나도 싱긋 웃었습니다.

✦ 덧셈만으로는 안 되는 걸까?

지호가 설명을 계속했습니다.

"곱셈하는 방법을 배웠으니까 곱셈과 덧셈의 관계에 관해 잠시 생각해 보기로 하자.

곱셈은 덧셈을 간단하게 하기 위한 것으로 생각할 수 있어."

지호는 화면에 새로운 내용을 띄웠습니다.

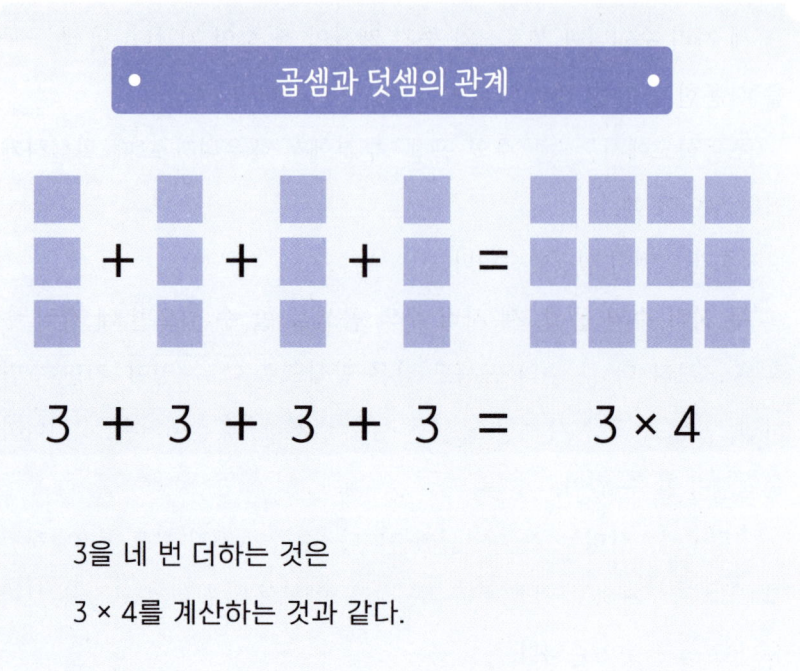

"곱셈, 덧셈 모두 직사각형으로 놓은 타일 수를 세는 것과 마찬가지야.

한 가지 방법은 세로로 3개 늘어놓은 타일이 네 줄 있으므로 3을 4번 더하는 거야. 이 방법은 타일로 만드는 직사각형이 커지면 매우 귀찮아져.

또 한 가지 방법은 직사각형의 세로, 가로의 수를 세어 곱셈으로 타일의 총개수를 계산하는 거야. 이 방법이 훨씬 간단하지."

지호는 설명을 계속했습니다.

"같은 수의 덧셈을 반복하는 것보다 곱셈을 하는 것이 훨씬 편해. 가능하면 계산을 편하게 하는 것, 이것이 넘버랜드의 모토란다."
유나가 말했습니다.
"곱셈은 이제 잘 알겠지? 그럼 다음은 나눗셈으로 넘어가 볼까?"

'앗, 곱셈은 벌써 끝났나?' 장미는 생각했습니다. 곱셈은 이제 막 배우기 시작해서 모르는 게 많다는 생각이 들었기 때문입니다.

하지만 고생스럽게 외운 곱셈 구구가 대활약한다는 것을 알게 되어 장미는 조금 기뻤어요. 게다가 곱셈 구구, 그리고 덧셈 외에 새로운 것은 나오지 않은 것 같습니다. 장미는 이제 막 아홉 살이 되었는데 왠지 척척박사가 된 기분이 들었죠. 그러자 목구멍이 간질간질해지며 노래를 부르고 싶어졌습니다.

곱셈은, 곱셈은 말이야
곱셈 구구와 덧셈의 반복, 반복이라네.
그러니까 무척 간단, 간단해.
곱셈은, 곱셈은 말이야
세로가 몇이고, 가로가 몇인지만 알면,
직사각형의 내용물이 몇 개인지
금방 알 수 있어, 알 수 있지.
그래서 편리해, 무척 편리해.
덧셈보다 간단, 간단해.
차라 차라, 차차차~

장미는 생각지도 못했던 말들이 노래가 되어 입에서 술술 나와서 깜짝 놀랐습니다. 이런 일은 처음입니다.

유나는 장미의 노래에 맞춰 걸으면서 가볍게 발을 굴렀습니다.

'곱셈' 건물을 나서자 밤하늘의 달이 아까와 같은 자리에 걸려 있었습니다.

'나눗셈' 건물은 '곱셈' 건물 바로 옆이었습니다.

안으로 들어가자 지금까지와 똑같이 모니터 화면이 있었습니다.

지호가 스위치를 누르자 화면에 다음 내용이 나타났습니다.

나눗셈을 소개합니다

나눗셈은 곱셈의 역연산이다.

곱셈을 할 수 있으면 나눗셈도 할 수 있다.

지호가 말했습니다.

"뺄셈이 덧셈의 역연산인 것처럼 나눗셈은 곱셈의 역연산이야. 즉, 뒤집은 것과 같아. 곱셈을 할 수 있으면 나눗셈도 할 수 있어. 이 사실만 알면 나눗셈은 간단해."

'뒤집은 것과 같다니 어디를 뒤집은 걸까?' 장미는 생각했습니다.

나눗셈이란 무엇일까?

6장의 타일을 세로 2장씩 늘어놓으면
가로는 몇 장일까?

가로는 3장이다.
식으로 써 보면 다음과 같다.

$$6 \div 2 = 3$$

(육 나누기 이는 삼)

이것이 나눗셈이다.
사실, 이것은 곱셈인 2 × 3 = 6과 같은 의미다.
곱셈은 나눗셈의 역연산이기 때문이다.

"나눗셈의 원리는 여기 쓰여 있는 것이 전부야." 지호가 말했습니다.
"나눗셈은 나누어떨어지지 않을 때가 있어서 깔끔하지 않은 것 같아요." 장미는 자기 생각을 그대로 말했습니다.
"맞아. 무슨 말인지 알겠어." 유나가 말했습니다.

"나머지가 있는 나눗셈은 이런 거지, 한번 볼래?"

지호가 다음 화면을 열었습니다.

나머지가 있는 나눗셈

7장의 타일을 세로 2장씩 늘어놓으면 가로는 몇 장일까?

가로는 세 장, 그리고 한 장이 남는다.

식으로 써 보면 다음과 같다.

$$7 \div 2 = 3 \cdots 1$$

(칠 나누기 이는 삼 나머지 일)

"타일을 직사각형으로 놓을 수 있을까? 그건 원래의 타일이 몇 장인지, 그리고 세로로 몇 장을 놓느냐에 따라 달라져. 원래 있었던 타일의 수를 '나누어지는 수', 세로의 타일 수를 '나누는 수'라고 말해. 그리고 직사각형에 딱 들어맞는 경우를 '나누어떨어진다', 딱 들어맞지 않는 타일이 몇 장 있을 때를 '나머지가 있다, 나누어떨어지지 않는다'라고 해. 나머지도 답의 일부분이므로 잊지 말고 써야 해."

✦ 나머지가 있을 때는 어떻게 할까?

지호는 다음 화면을 띄우고 나서 말했습니다.
"나머지가 있는 나눗셈은 다음과 같은 관계가 있어."

검산

나머지가 있는 나눗셈식이 맞는지 틀렸는지 확인할 때

$$7 \div 2 = 3 \cdots 1$$
⬇
$$2 \times 3 + 1 = 7$$
(나누는 수)　(몫)　(나머지)　(나누어지는 수)

몫은 나눗셈의 답을 가리킨다.

"이 식은 나눗셈 계산이 틀리지 않았는지 확인할 때 사용할 수 있어."
지호가 말했습니다.

"참고로 계산 오류가 있는지 없는지 확인하는 계산을 일컬어 '검산'이라고 해."

✦ 나눗셈을 세로식으로 계산해 보자

유나가 말했습니다.

"장미야. 나눗셈을 세로식으로 연습해 보지 않을래?"

장미는 "좋아요" 하고 대답했습니다.

"그럼 우선, 나누는 수가 한 자리 수이고 나누어지는 수도 한 자리 수인 나눗셈을 해 보자."

유나는 화면에 세로식을 띄웠습니다.

나눗셈의 세로식
(한 자리 수의 나눗셈)

$$\begin{array}{r} 3\ \cdots 1 \\ 2\overline{)7} \\ 6 \\ \hline 1 \end{array}$$

(7에는 2가 3번 들어가므로 7 위에 3이라고 쓴다.)
(2 × 3은 6이므로 7 아래에 6이라고 쓴다.)
(7 − 6은 1이므로 나머지 자리에 1이라고 쓴다.)

"가로식으로 쓴 것과 똑같아." 유나가 말했습니다.

"네."

장미는 나눗셈의 세로식을 다시 한번 자세히 살펴보았습니다. 나눗셈이라고 하지만, 실제로는 곱셈 한 번(2 × 3 = 6)과 뺄셈 한 번 (7 - 6 = 1)을 했습니다.

'나눗셈이란 곱셈과 뺄셈을 말하는 것일까? 곱셈과 뺄셈이라면 나도 할 수 있다 이거지.'

장미는 왠지 의욕이 불끈 솟아났습니다.

"그럼, 다음은 나누어지는 수가 큰 수일때의 나눗셈을 해 볼까?" 유나가 말했습니다.

"1234를 7로 나누는 세로식을 한번 보자.

나누어지는 수의 큰 자릿수부터 계산하는 거야. 1에는 7이 들어가지 않으니까 이 자릿수는 건너뛰어. 12에는 7이 들어갈까? 한 번 들어가네. 그러니까 12의 2 위에 1이라고 써. 7 × 1은 7이므로 2의 아래에 7이라고 쓰자.

다음은 뺄셈이야. 12 - 7 = 5이므로 7 아래에 5라고 쓰지. 5의 옆자리에는 나누어지는 수 1234에서 내린 3을 쓰자.

그다음은 53에 7이 몇 번 들어갈지 생각해 볼까? 일곱 번 들어가지. 곱셈의 7단을 생각해 보면 7 × 7 = 49니까. 그러면 나누어지는 수의 3 위에 7이라고 써. 49는 53 아래에 쓰고.

뺄셈을 할 차례네. 53 - 49는 4이므로 9 아래에 4라고 쓰자. 4의 옆자리에는 나누어지는 수 1234에서 내린 4를 쓰는 거야.

나눗셈의 세로식
(나누어지는 수가 큰 경우의 나눗셈)

```
        1 7 6 ···2
    7 ) 1 2 3 4
        7              (12에 7은 한 번 들어간다.)
        ─
        5 3
        4 9            (53에 7은 일곱 번 들어간다.)
        ─
          4 4
          4 2          (44에 7은 여섯 번 들어간다.)
          ─
            2   (나머지)
```

　그다음에 44에는 7이 몇 번 들어갈까? 여섯 번 들어가지. 7 × 6 = 42니까. 그러므로 나누어지는 수의 4 위에 6이라고 써. 44 아래에는 42를 쓰자. 44 - 42는 2이므로 2 아래에 2라고 써. 이러면 계산은 모두 끝난 거야.

　2는 나눗셈의 나머지야. ···2라고 쓰면 돼. 따라서 이 나눗셈의 정답은 '176 나머지 2'가 되는 거야."

"이것을 가로식으로 쓰면

$$1234 ÷ 7 = 176 \cdots 2$$

이렇게 쓸 수 있어."

유나가 다시 정리해 주었습니다.

나눗셈의 가로식

$$1234 ÷ 7 = 176 \cdots 2$$

(1234 나누기 7은 176 나머지 2)

"나눗셈의 세로식을 계산하기 위해서는 곱셈과 뺄셈을 반복하면 돼. 나눗셈이라는 계산법이 따로 있는 것이 아니라 곱셈과 뺄셈의 조합이라고 할 수 있어. 그러므로 곱셈 구구가 대단히 중요해."

"아아, 그렇구나."

장미는 곱셈과 뺄셈을 할 수 있으면 나눗셈을 할 수 있다는 사실에 감탄했습니다. 어쩌면 나눗셈은 아주 쉬울지도 모른다는 우쭐한 기분도 들었습니다.

학교에서 배우지 않은 내용이라도 설명을 들으면 이해가 되었습니다. '왠지 오늘은 머리가 잘 돌아가는 느낌이야.' 장미는 조금 똑똑해진 것 같은 느낌이 들었습니다.

✦ 큰 수의 나눗셈도 문제없다

넘버랜드에서는 학교에서 배운 것도 나오고 아직 배우지 않은 것도 나와서 몇 학년인지 구분이 없어집니다.

유나가 말했습니다.

"그럼 다음으로 나누는 수가 두 자리 수이고 나누어지는 수가 여섯 자리 수인 나눗셈을 계산해 보자."

화면에 다음 계산식이 나타났습니다.

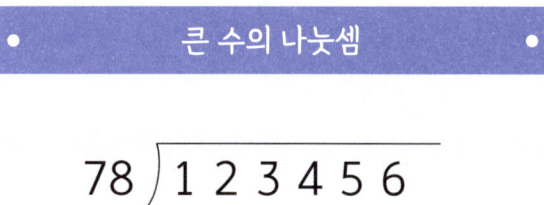

유나가 이어서 설명했습니다.

"나눗셈 계산에서 가장 헷갈리는 부분은 세로식에서 나누는 수가 몇 번 들어가는지 올바른 자리에 써 주는 거야.

예시에서 보면 나누어지는 수의 가장 큰 자릿수에서부터 보면, 우선 12 안에 78(나누는 수)이 한 번도 들어가지 않아. 123 안에는 한 번 들어가지. (두 번이라면 123보다 커져 버려.) 그러니까 나누어지는 수 3 위에 1이라고 써."

나누는 수가 몇 번 들어가는가?

```
            1 5 8 2 …60
       ┌─────────────
   78 ) 1 2 3 4 5 6       (123 안에 78은 한 번 들어간다.)
         7 8
         ─────
         4 5 4              (454 안에 78은 다섯 번 들어간다.)
         3 9 0
         ─────
           6 4 5            (645 안에 78은 여덟 번 들어간다.)
           6 2 4
           ─────
             2 1 6          (216 안에 78은 두 번 들어간다.)
             1 5 6
             ─────
                 6 0
```

"123에서 78을 빼면 45가 되지. 나누어지는 수에서 4를 내리면 454가 되고. 454 안에 78이 몇 번 들어갈지 어림해 보면 5가 돼. 그러니까 나누어지는 수의 4 위에 5를 쓰고 78 × 5를 계산하면 390이 되니까 454 아래에 390을 써 줘. 이 두 수를 뺄셈하면 64이므로 그 아래에 쓰고. 이런 식으로 계속하는 거야.

어림하여 5를 구하는 부분에서는 요령이 필요해. 78은 어림하면 80, 454는 대략 450이잖아. 8 × 5 = 40, 8 × 6 = 48이라는 것을 참고하면 5가 맞을 것이라는 걸 알 수 있게 돼."

지호가 말했습니다.

"처음에는 좀 헷갈릴지 모르지만, 하다 보면 점점 익숙해질 거야."

검산을 해 보자

123456 ÷ 78 = 1582 ⋯ 60

(검산)
 78 × 1582 + 60
= 123396 + 60
= 123456

✦ 나눗셈의 나머지는 어디로 가는 걸까?

장미가 물었습니다.

"나눗셈의 나머지가 있을 때 나머지는 어떻게 되는 거예요?"

만약 아무 데도 갈 곳이 없으면 불쌍하다는 생각이 들었습니다.

지호가 말했습니다.

"그건 상황에 따라 달라. 예를 들어 생각해 보자. 사탕이 일곱 개 있어. 이것을 장미와 잎새가 나눈다고 하자. 7 ÷ 2가 되겠지. 딱 절반으로 나누고 싶지만 답은 3 나머지 1이지. 장미와 잎새가 세 개씩 가지고 마지막에 한 개가 남는 거야. 자, 그럼 어떻게 할까?

언니니까 장미가 차지할까? 동생이니까 잎새가 가질까? 가위바위보를 해서 이긴 사람이 가질까? 이건 수학의 문제라기보다 국어나 사회의 문제라고 할 수 있어. 나머지를 어떻게 하면 좋을지 좋은 방법을 생각해 보렴."

지호가 이어서 말했습니다.

"여섯 자리 수를 두 자리 수로 나누는 계산을 해 보았어. 이것과 똑같은 방법으로 계산하면 아무리 큰 수를 아무리 큰 수로 나눈다고 해도 거뜬히 할 수 있어. 나누어떨어질 때도 있고, 나머지가 있을 때도 있지.

어쨌든 곱셈 구구와 뺄셈을 할 수 있으면 어떤 나눗셈 계산이라도 할 수 있어.

이제 나눗셈은 이미 완전히 습득했을 것 같은데."

유나가 말했습니다.

"보통 나눗셈은 나누어떨어지지 않고 나머지가 생기는 경우도 있지만, 분수의 나눗셈은 나머지가 생기지 않고 딱 나누어져."

"우와." 장미가 감탄했습니다.

'정말 대단한걸.'

나눗셈의 나머지는 왠지 모르게 찝찝한 느낌이 듭니다. 나머지가 없는 나눗셈은 깔끔해서 기분이 좋습니다.

유나가 계속해서 말했습니다.

"하지만 나눗셈의 답이 분수의 형태가 될 수도 있어. 나눗셈 다음은 분수 건물이니까 거기서 더 생각해 보자."

그때 건물 바깥에서 쿵, 털썩하는 소리가 들렸습니다.

"저건 무슨 소리예요?" 장미가 물었습니다.

"때때로 저런 일이 일어나." 유나가 말했습니다.

"하지만 걱정하지 않아도 돼. 건물 안에 있으면 안전하니까. 조만간 무슨 일인지 알려 줄게."

✦ 곱셈과 나눗셈은 곱셈끼리 모으고 나눗셈끼리 모아서 계산해도 상관없다

지호가 말했습니다.

"마지막으로 곱셈과 나눗셈이 몇 개 섞여 있는 혼합계산식에 관해 설명할게."

그러고는 화면에 새로운 내용을 띄웠습니다.

"다음과 같이, 곱셈과 나눗셈이 섞여 있는 식은 곱셈을 곱셈끼리, 나눗셈은 나눗셈끼리 모아서 계산해도 괜찮아." 지호가 말했습니다.

곱셈과 나눗셈이 섞여 있는 식

$$120 \times 3 \div 6 \times 17 \div 7 \times 13 \div 5 \div 2$$
$$= 120 \times 3 \times 17 \times 13 \div 6 \div 7 \div 5 \div 2$$

* 곱셈은 곱셈끼리, 나눗셈은 나눗셈끼리 모아서 계산해도 상관없다.

$$= (120 \times 3 \times 17 \times 13) \div (6 \times 7 \times 5 \times 2)$$

* 한꺼번에 모아서 먼저 곱셈을 한 후 나눗셈을 해도 상관없다.

"이건 편리한 성질이므로 종종 사용해."

장미는 그러고 보니 덧셈과 뺄셈이 섞여 있는 식을 계산할 때도 비슷한 법칙이 있었다는 생각이 났습니다.

더하기(+)와 빼기(-) 기호가 섞여 있는 식을 덧셈은 덧셈(+)끼리, 뺄셈은 뺄셈(-)끼리 모아서 계산해도 상관없었습니다. 식도 더 깔끔하고 계산도 쉬워졌었고요.

그러자 장미는 또 목구멍이 간질간질해지더니 노래를 부르고 싶어졌습니다. 이번에는 이런 노래입니다.

나눗셈은, 나눗셈은 말이야,

사실은 곱셈과 뺄셈이라네.

곱셈 구구를 사용하면 할 수 있지.

뺄셈을 사용하는 것도 잊지 마.

나눗셈은, 나눗셈은 말이야,

세로식을 가지런히 써야 해.

나누어지는 수의 큰 자릿수부터,

나누는 수가 몇 번 들어가는지,

어림을 하자, 어림을 하자.

그것을 반복하다 보면, 자, 끝이다!

그러니까 나눗셈은, 나눗셈은

간단해, 간단해!

라라라라 라라라라라.

"드디어 다음은 분수 차례네." 유나가 말했습니다.

유나, 지호, 장미는 진행 방향을 따라 다음 건물을 향했습니다.

'나눗셈' 건물을 나서자 조금 멀리 떨어진 정원에 검고 작은 기계 같은 것이 나뒹굴고 연기가 피어오르고 있었습니다. 하늘에서 떨어진 것 같았습니다.

"저건 뭐예요?"

장미가 물었습니다.

"드론이야. 가끔 넘버랜드로 날아와서 땅에 떨어지곤 해." 유나가 대답했습니다.

"그러니까 곧바로 옆 건물로 들어가자."

'나눗셈' 건물의 뒤편으로 돌아가자 '분수' 건물이 있었습니다. 양파 같은 모양의 지붕이 있는 건물이었습니다.

입구로 들어가자 역시 모니터 화면이 있었습니다.
거기에는 이렇게 쓰여 있었습니다.

분수를 소개합니다

분수만큼 편리한 수는 없습니다.
분수의 특징은
계산을 거의 하지 않아도 된다는 거예요.
특히 곱셈과 나눗셈이 간단합니다.
초등학교에서 배우는 수는 거의 전부,
분수로 바꿀 수가 있습니다.

분수를 잘 부탁합니다.

'왠지 텔레비전 광고 같네.' 장미는 생각했습니다.
'계산하지 않아도 되는 것은 좋긴 좋다.'
그때 화면이 다음으로 바뀌었습니다.

분수란 무엇일까?

$$1 \div 2 = \frac{1}{2} \begin{matrix} \text{분자} \\ \text{분모} \end{matrix} \Rightarrow \text{2분의 1}$$

$\frac{1}{2}$은 1 ÷ 2라는 계산을 의미한다.

분수의 가로줄 ―은 ÷ 기호의 가운데에 있는 줄이다.

$\frac{1}{2}$은 1 ÷ 2를 계산한 답을 나타낸다.

읽을 때는 '2분의 1'이라고 읽는다.

"으음, 이게 분수의 핵심이야." 지호가 말했습니다.

"가로줄의 위와 아래에 수를 써. 그런데 가로줄과 위아래의 숫자 전체가 하나의 수를 의미해. 그게 분수야. 이것만 알면 분수는 다 아는 것과 마찬가지야."

"장미야, 잠깐 연습해 볼까?" 유나가 말했습니다.

"1 ÷ 3의 답은 뭘까?"

"$\frac{1}{3}$ (삼분의 일)?" 장미가 답했습니다.

"정답! 그럼 2 ÷ 5는 몇일까?"

"음, $\frac{2}{5}$(오분의 이)요."

"맞아, 정말 잘했어. 거봐, 계산은 필요 없지? 나누어지는 수가 가로줄 위, 나누는 수가 가로줄 아래에 오는 것뿐이니까."

"정말, 그렇네. 계산이 필요 없네요. 왠지 분수가 좋아졌어요." 장미는 기뻐하며 말했습니다.

✦ 분수는 나눗셈과 같은 걸까?

장미가 물어보았습니다.

"분수가 나눗셈이라면 아까처럼 타일을 이용하여 생각하면 어떻게 되는 거예요?

타일을 직사각형으로 놓아서 생각했었잖아요? 1 ÷ 2를 그 방식으로 생각해 보면 '타일 1장이 있었습니다. 그것을 직사각형 형태로 놓으려고 하는데 세로를 2장으로 하면 가로는 몇 장이 될까?' 이런 식이 되는데......."

"맞아, 그렇지." 지호가 말했습니다.

"그 방법대로 하면 돼. 다만, 1장밖에 없는 타일을 세로 2장 높이로 놓는다면 그 모양 그대로는 무리겠지. 그래서 세로를 2장 길이로 만들려면 1장의 타일을 나눌 수밖에 없어. 이 그림을 보렴."

1 ÷ 2의 답은 $\frac{1}{2}$

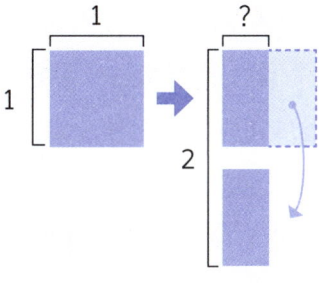

세로가 1, 가로가 1인 타일이 한 장 있다.

세로를 2로 하려면 타일을 절반으로 나누면 된다.

그러면 가로는 1 ÷ 2이고, 1 ÷ 2 = $\frac{1}{2}$이 된다.

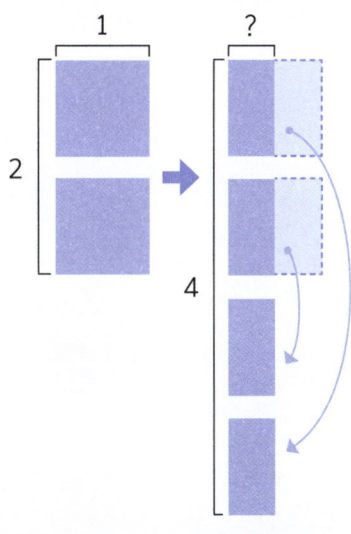

2 ÷ 4의 답도 $\frac{1}{2}$

타일이 2장 있다.

세로가 2, 가로가 1이다.

세로를 4로 하려면 타일을 절반으로 나누면 된다.

그러면 가로는
2 ÷ 4 = $\frac{2}{4}$ = $\frac{1}{2}$이 된다.

($\frac{2}{4}$는 분자와 분모가 2로 나누어지기 때문에 간단히 2로 나눠 $\frac{1}{2}$로 표현할 수 있다.)

✦ 분수에 사용할 수 없는 수가 있다

지호가 말했습니다.

"가로줄 위와 아래, 즉 분자와 분모 양쪽에는 1, 2, 3, 4, … 같은 자연수가 와. 그러면 분자와 분모에 올 수 없는 수가 있는지 한번 생각해 보자. 분모에는 어떤 수가 와도 괜찮아. 다만 0(영)은 올 수 없어."

"왜요?" 장미가 물었습니다.

"좋은 질문이야, 아주 좋아. 그건 말이야 사실 아주 깊이가 깊은 문제지만, 간단하게 대답하면 어떤 수를 0으로 나눌 수가 없기 때문이야." 지호가 말했습니다.

"0으로 나눌 수가 없다……."

"그래. 덧셈, 뺄셈, 곱셈, 나눗셈이 의미를 가지게 하려고 그렇게 정한 규칙이라고 생각하면 돼."

"분모에는 올 수 없지만, 분자에는 0이 와도 돼. 그 외에는 분자, 분모에 어떤 수가 오면 안 된다는 규칙은 특별히 없어." 지호가 말했습니다.

"분모에 1이 와도 돼? 그렇게 생긴 분수는 본 적이 없는 것 같은데." 유나가 지호에게 물었습니다.

"와도 돼. 아무 문제 없어." 지호가 대답했습니다.

"단, 분모가 1인 경우 굳이 분수로 쓸 필요가 없으니까 대부분은 자연수 그대로 쓰지. 특별한 경우에는 분모 1을 쓰기도 해.

반대로 말하면 모든 자연수는 분모가 1인 분수라고 생각할 수도 있어."

지호는 다음 화면을 띄웠습니다.

분모가 1인 분수

$$\frac{3}{1} = 3 \div 1 = 3$$

분모가 1인 분수는 1로 나눠도 나누어지는 수에는 변화가 없으므로 분자의 수와 똑같은 수가 된다

"분자에 1이 오는 건 괜찮아?" 유나가 물었습니다.

"당연히 괜찮지. 분자가 1인 분수를 단위분수라고 해.

먼 옛날 고대 이집트에서 분수를 사용했는데, 분자에는 반드시 1이 왔다고 해. 그 때문에 계산이 대단히 복잡했었대. 지금은 분자, 분모에 어떤 수가 와도 되니까 분수 계산이 무척 간단해졌어."

"분자와 분모에 같은 수가 와도 돼?" 유나가 질문했습니다.

"응, 상관없어. 단, 분자와 분모에 같은 수가 오면 나누어떨어지니까 답은 1이 되지. 그래서 분수로 쓰지 않고 1이라고 쓰는 경우가 많아. 특별한 경우에만 '$\frac{3}{3}$'처럼 분수로 써."

장미는 왠지 이상하게 느껴졌습니다.

"분자가 분모보다 더 큰 수여도 돼?" 유나가 물었습니다.

"응, 상관없어. 그런 분수도 가능해.

분자가 분모보다 작은 분수를 진분수라고 해. 반면, 분자가 분모보다 크거나 분모와 같은 분수를 가분수라고 하지.

가분수는 대분수의 형태로 바꿀 수도 있어서 초등학교에서는 그 연습을 해. 하지만 가분수에는 가분수만의 장점이 있어. 가분수가 이상한 분수라는 의미는 아니야." 지호가 대답했습니다.

"대분수에 관해서는 잠시 후에 알아보자."

✦ 분수가 흥미로운 점

"자, 분수의 중요한 성질은 다음과 같아.

분자와 분모에 같은 수를 곱해도 분수의 값은 변하지 않는다.

분자와 분모를 같은 수로 나눠도 분수의 값은 변하지 않는다.

분수의 값이란 수로서의 분수의 크기를 의미해. 이걸 한번 보렴."

분수의 중요한 성질

분자와 분모에 같은 수를 곱해도 분수의 값은 변하지 않는다.

$$\frac{2}{3} = \frac{2 \times 5}{3 \times 5} = \frac{10}{15}$$

분자와 분모를 같은 수로 나눠도 분수의 값은 변하지 않는다.

$$\frac{10}{15} = \frac{10 \div 5}{15 \div 5} = \frac{2}{3}$$

분자와 분모를 같은 수로 나누는 것을 '약분'이라고 한다.

"양쪽 모두 아주 중요한 성질이야." 지호가 말했습니다.

"여기서 가분수와 대분수의 관계를 정리해 볼까?

가분수는 분자가 분모보다 크거나 분모와 같은 분수야. 대분수는 '자연수 + 진분수'의 형태를 가진 분수를 의미하지.

그리고 가분수는 전부 대분수로, 대분수는 전부 가분수로 바꿀 수 있어. 즉, 수로서 둘은 같은 거야. 생김새가 다를 뿐이지. 그럼, 바꾸는 방법을 알아보자. 화면을 보렴." 지호가 말했습니다.

가분수를 대분수로 바꾸기

$$\frac{11}{5} \text{(가분수)} = 2\frac{1}{5} \text{(대분수)}$$

둘 다 같은 수다!

11 ÷ 5를 계산하면 2 나머지 1이 된다.

2를 자연수로 쓰고 나머지 1을 분수로 쓴다.

그게 바로 $2\frac{1}{5}$이다.

$2\frac{1}{5}$은 $2 + \frac{1}{5}$이라는 의미이다.

"대분수를 가분수로 바꾸는 것은 그 반대야." 지호가 이어서 설명했습니다.

"대분수는 나눗셈의 몫(답)과 나머지를 나타내는 거야. $2\frac{1}{5}$은 어떤 수를 5로 나눈다면 몫은 2이고 나머지가 1이라는 뜻이야. 그 수를 '이 와 오분의 일'이라고 읽는 거야."

대분수를 가분수로 바꾸기

$$2\frac{1}{5} = \frac{2 \times 5}{5} + \frac{1}{5} = \frac{2 \times 5 + 1}{5} = \frac{11}{5}$$

5로 나누면 2 나머지 1이 되는 계산은 11 ÷ 5라는 것을 의미한다.

지호가 계속 설명했습니다.

"분수는 수야. 수니까 덧셈, 뺄셈, 곱셈, 나눗셈이 있지. 그럼 이것을 하나하나 차례대로 알아볼까?"

"분수의 계산에서는 세로식을 사용하지 않아. 일반적으로는 가로식만으로 충분해. 왜냐하면 계산이 간단하기 때문이야.

그럼 바로 분수의 덧셈부터 볼까?"

분모가 같은 분수의 덧셈

$$\frac{1}{5} + \frac{2}{5} = \frac{1+2}{5} = \frac{3}{5}$$

분모가 같은 수는 분자끼리 더한다.
왜냐하면, $1 \div 5 + 2 \div 5 = (1+2) \div 5 = 3 \div 5$이기 때문이다.

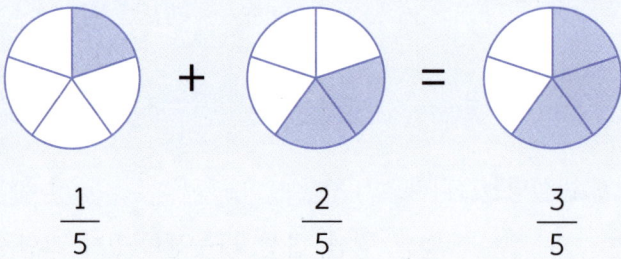

$\frac{1}{5}$ $\frac{2}{5}$ $\frac{3}{5}$

"분모가 다른 숫자의 분수끼리는 그 형태 그대로는 더할 수가 없어. 그 경우는 먼저 **분수의 분모, 분자에 같은 수를 곱해서 분모를 똑같이 만들어 주는 거야.** 이것을 '통분'이라고 해." 지호가 말했습니다.

분모가 다른 분수의 덧셈

$$\frac{1}{2} + \frac{1}{3} = \frac{1 \times 3}{2 \times 3} + \frac{1 \times 2}{3 \times 2}$$

$$= \frac{3}{6} + \frac{2}{6} = \frac{5}{6}$$

각각 분수의 분모를 6으로 만들면 된다.

3과 2를 각각 분수의 분모와 분자에 곱해 통분한다.

6은 2와 3의 공배수(공통인 배수)이다.

공배수에 관해서는 나중에 다시 설명할 것이다.

"분수의 뺄셈은 더하는 대신에 뺀다는 점만 다르고 다음은 덧셈과 완전히 똑같아. 그러니까 자세히 설명하지 않아도 될 것 같아."

지호는 이어서 말했습니다.

"분수의 곱셈은 가장 간단해. 그냥 분모는 분모끼리, 분자는 분자끼리 곱하면 돼."

분수의 곱셈

$$\frac{1}{3} \times \frac{2}{5} = \frac{1 \times 2}{3 \times 5} = \frac{2}{15}$$

"분모와 분자를 각각 같은 수로 나눌 수 있는 경우는 같은 수로 나눠서 간단한 형태로 만들어 줘. 이것을 '약분'이라고 해."

분수의 곱셈 (약분)

$$\frac{1}{4} \times \frac{2}{5} = \frac{1 \times \cancel{2}^{1}}{\cancel{4}_{2} \times 5} = \frac{1 \times 1}{2 \times 5} = \frac{1}{10}$$

분모와 분자를 똑같은 수(여기서는 2)로 나눈다. (약분)

"대분수는 가분수로 바꾸고 나서 곱셈을 해. 3개 이상의 분수를 곱할 때도 마찬가지로 분모는 분모끼리, 분자는 분자끼리 곱하는 거야. 분수의 곱셈은 이걸로 끝이야." 지호가 이렇게 설명했습니다.

"분수는 역시 간단하네요! 분수의 곱셈은 곱셈 구구만 사용하면 되고, 또 분모와 분자에서 나눌 수 있는 수가 있으면 나누면 되고요. '도둑잡기' 카드 게임[3] 같아요." 장미는 무척 즐거워졌습니다.

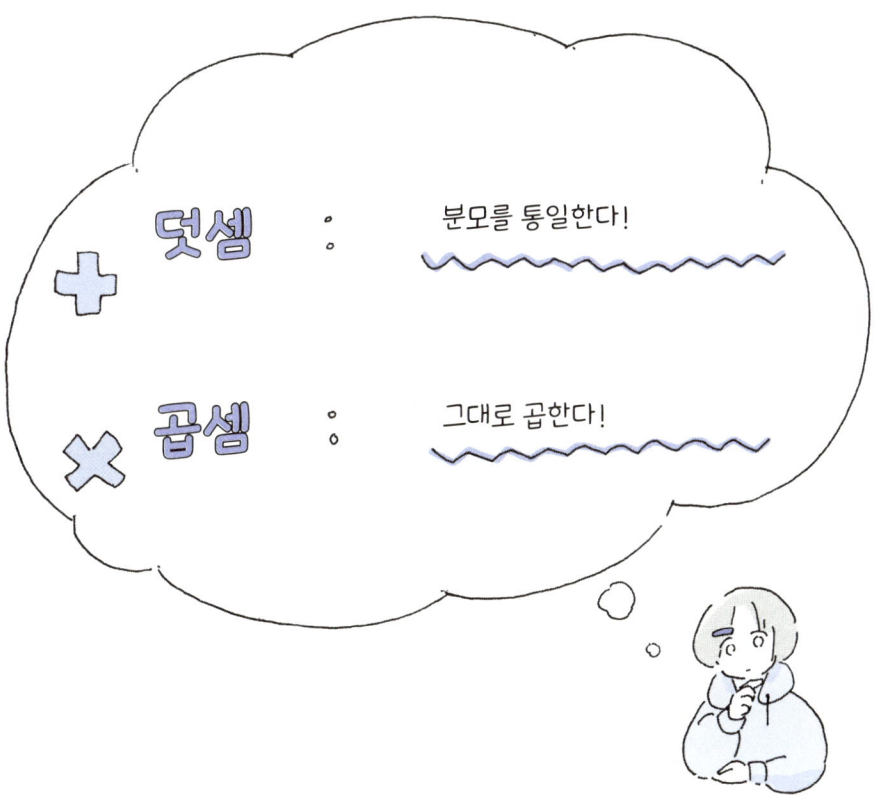

---

[3] 같은 수의 카드 두 장이 짝지어질 때마다 버려 나가다가 마지막에 조커를 가진 사람이 지는 카드 게임.

✦ 나눗셈을 뒤집으면 곱셈이 된다

"그럼 마지막으로 분수의 나눗셈을 볼까?" 지호가 계속해서 말했습니다.

"분수의 나눗셈은 분수의 곱셈으로 바꿔서 계산해. 나누는 수의 분자와 분모를 바꿔서 곱하는 거야. 화면의 설명을 한번 보자."

분수의 나눗셈은 곱셈으로 바꾼다

$$\frac{5}{7} \div \frac{3}{4} = \frac{5}{7} \times \frac{4}{3} = \frac{5 \times 4}{7 \times 3} = \frac{20}{21}$$

뒤집는다

분수로 나누는 경우는 분모·분자를 뒤집은 분수(처음 분수의 역수)를 곱하면 된다.

지호가 자세히 설명합니다.

"분수의 나눗셈을 분수의 곱셈으로 바꾸는 것은 자연수의 가로식에서 하는 것과 똑같아. 이해를 돕기 위해 자세하게 써 보면 다음과 같아.

우선, $\frac{5}{7}$는 5 ÷ 7, $\frac{3}{4}$은 3 ÷ 4를 의미해. 계산식으로 써 보면,

$$(5 ÷ 7) ÷ (3 ÷ 4) = (5 ÷ 7) ÷ 3 × 4$$
$$= (5 ÷ 7) × 4 ÷ 3$$
$$= (5 ÷ 7) × (4 ÷ 3)$$

뒤쪽의 괄호를 푼다. 이때 괄호 안의 수식이 바뀐다.(나누기가 곱하기로)

이런 형태가 돼. 즉, 나누는 수인 분수를 뒤집어서 곱하면 되는 거야."

"나눗셈도 계산하는 도중에 약분할 수 있는 곳이 있으면 차례차례 약분해. 그러면 계산이 편해져. 화면을 볼까?"

• 분수의 나눗셈도 차례차례 약분한다 •

$$\frac{4}{9} ÷ \frac{2}{3} = \frac{\overset{2}{4}}{\underset{3}{9}} × \frac{\overset{1}{3}}{\underset{1}{2}} = \frac{2}{3} × \frac{1}{1} = \frac{2}{3}$$

분모와 분자를 각각 3, 2로 나눈다.

"이런 방식으로 분수의 나눗셈을 계산할 수가 있어.

3개 이상의 분수를 곱하거나 나누는 계산은 나누는 수의 분모

와 분자를 바꿔서 곱셈만의 계산으로 만들 수 있어. 그 경우, 곱셈을 하기 전에 약분할 수 있는 곳은 없는지, 주의해서 살펴보렴.”

지호가 이렇게 덧붙여 설명했습니다.

"약분하면 계산도, 답이 되는 분수도 아주 간단해지네요!⁴" 장미가 말했습니다.

그때 또, 밖에서 쿵 하는 소리가 들렸습니다.

장미는 움찔했습니다.

지호와 유나는 아주 익숙한 모양인지 눈 하나 깜짝하지 않았습니다.

유나가 말했습니다.

"그럼 분수는 여기까지 하기로 하고 이제는 소수로 넘어가자. 소수와 분수의 관계도 생각해 보자."

---

4 더 이상 약분되지 않는 분수를 '기약분수'라고 함.

0.253

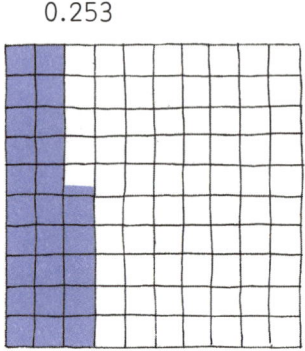

'분수' 건물을 나오자 정원에 드론이 떨어져 있었습니다. 어디에선가 날아와서 추락한 것입니다.

장미는 부딪히면 다치겠다는 생각이 들었습니다.

'분수' 건물을 나와 굽이굽이 굽은 길을 잠시 걸었더니 '소수'라는 간판이 붙은 건물이 나왔습니다.

입구로 들어가자 지금까지처럼 모니터 화면이 있었습니다.

소수란 무엇일까?

소수는 1보다 작은 수를 가리킨다.

지호가 말했습니다.

"소수는 1보다 작은 수를 가리키는 말이야.

분수도 1보다 작은 수를 가리켜. 예를 들면, $\frac{1}{2}$(이 분의 일)은 1을 두 개로 나눈 수이므로 1보다 작지만, 1과 2처럼 1이나 1보다 큰 수로 표현하지.

소수도 0~9까지의 자연수를 사용하여 나타내는데, 수와 함께 '.'(소수점)이라는 기호를 사용해. 이건 지금부터 약 400년 전에 발명된 것으로 아주 편리한 방법이야."

'400년 전……. 그때까지는 소수가 없었구나.' 장미는 생각했습니다.

✦ 백분율(퍼센트) 이야기

"장미는 소수 배웠니?" 유나가 물었습니다.

"아니요, 아직 안 배웠어요." 장미가 답했습니다.

"하지만 때때로 나올 때가 있어요. 얼마 전에 시력 검사를 했는데요, 1.2였어요."

"소수와 비슷한 개념으로 백분율(퍼센트, %)이 있어." 지호가 말했습니다.

"백분율(퍼센트)은 일상생활에서 많이 사용하니까 우선 백분율 이야기를 해 보자. 백분율을 알면 소수는 이해하기 쉬워질 거야."

장미는 '퍼센트(%)라면 잘 알지. 100%가 전체라는 의미잖아.'라고 생각했습니다. 주스에도 '과즙 30% 포함' 등이 쓰여 있는 것을 자주 보았습니다.

지호가 말했습니다.

"백분율(퍼센트)은 무엇일까? 퍼센트의 퍼(per)는 나눗셈을 의미해. 분수의 가로줄이야. 퍼센트의 센트(cent)는 100을 의미해. 미국에는 센트(¢)라는 돈의 단위가 있는데, 100센트면 1달러를 말하는 거야. 퍼센트라는 것은 '백분의'라는 의미이니까, 예를 들어 5퍼센트는 '백분의 오'라는 의미가 되는 거야.

백분율(퍼센트, %)의 의미

$$\% 는 \frac{}{100} 을\ 의미한다.$$

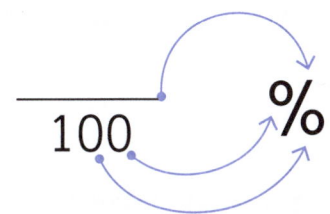

%의 가운데 선(/)은 분수의 가로줄을 나타낸다.
선 양쪽에 있는 2개의 **o**은
100의 '0'을 오른쪽과 왼쪽에 나눠쓴 것이다.

%는 분수다!

결론은 백분율은 분수라는 거야."
지호가 이어서 말했습니다.
"하지만 퍼센트는 다른 식으로 볼 수도 있어. 이걸 한번 봐. 퍼센트의 개념을 그림으로 나타낸 거야."

퍼센트 (%)

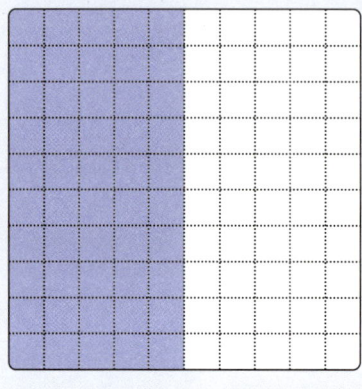

1(전체)을, 100(= 10 × 10)으로 나눈 것이 퍼센트(%)이다.

1개의 사각형이 1퍼센트이다.

색이 칠해진 부분은 사각형이 50개 있으므로 50%이다. 이것은 $\frac{1}{2}$이기도 하다.

$$50\% = \frac{50}{100} = \frac{1}{2}$$

지호가 계속해서 설명했습니다.

"백분율이 편리한 이유는 1보다 작은 수를 1보다 큰 자연수(예를 들어, 50%)로 표현할 수 있기 때문이야. 하지만 분모가 꼭 100이어야 한다는 점이 불편하다고 하면 불편한 점이지."

"소수는 이에 비하면 아무리 작은 수라도 나타낼 수 있어서 매우 편리해. 다음 설명을 한번 볼까?"

지호는 새로운 화면을 보여 주었습니다.

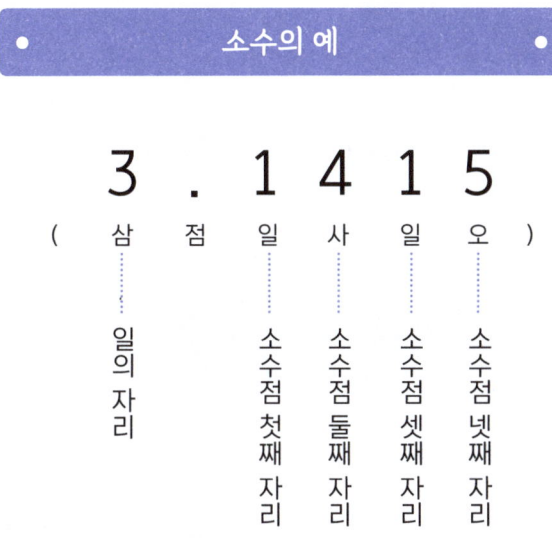

0.1 (영 점 일) ⋯ 십분의 일

0.01 (영 점 영 일) ⋯ 백분의 일

0.001 (영 점 영 영 일) ⋯ 천분의 일

0.0001 (영 점 영 영 영 일) ⋯ 만분의 일

아무리 작은 수라도 소수점과 0~9의 숫자를 사용하여 나타낼 수 있다.

"비율을 소수로 나타낼 때 소수 한 자리 한 자리를 할, 푼, 리⋯⋯와 같이 부르는 말이 있어. 할은 십분의 일, 푼은 백분의 일, 리는 천분의 일⋯⋯에 해당해." 유나가 말했습니다.

"야구를 좋아하는 사람은 할, 푼, 리라는 표현에 익숙할 거야." 지호가 덧붙여 말했습니다.

"'3할 타자'라는 말은 평균적으로 10타수 중에서 세 번 안타를 쳐서 출루에 성공한 타자를 말해. 안타를 치는 것은 상당히 어려운 일이기 때문에 3할이라면 꽤 잘 치는 거라고 할 수 있어. 어느 타자가 안타를 잘 치는가 비교하려고 타율을 계산하지. 1,000타수당 253번 안타를 쳤을 경우라면 '타율 2할 5푼 3리'라고 말해. 실제로는 한 시합에서 평균 네 번 정도밖에 타석에 서지 못하니까 1,000타수를 기준으로 계산해서 나타내."

타율 계산

87번 공을 쳤는데 그중 22번 안타를 친 선수의 타율은?

$$타율 = \frac{안타\ 수}{타수} = \frac{22}{87} = \frac{XXX}{1000}$$

22 ÷ 87 = 0.2528… ≒ 0.253 (반올림한다)

답은 2할 5푼 3리

"자, 답이 소수인 나눗셈이 나왔으니 이 방법을 설명해 줄게." 유나가 말했습니다.

"22에는 87이 한 번도 안 들어가니까 '몫이 0, 나머지가 22'가 되어서 계산이 끝날 거야. 그런데 나머지를 남기지 않고 나눗셈을 계속해 보자.

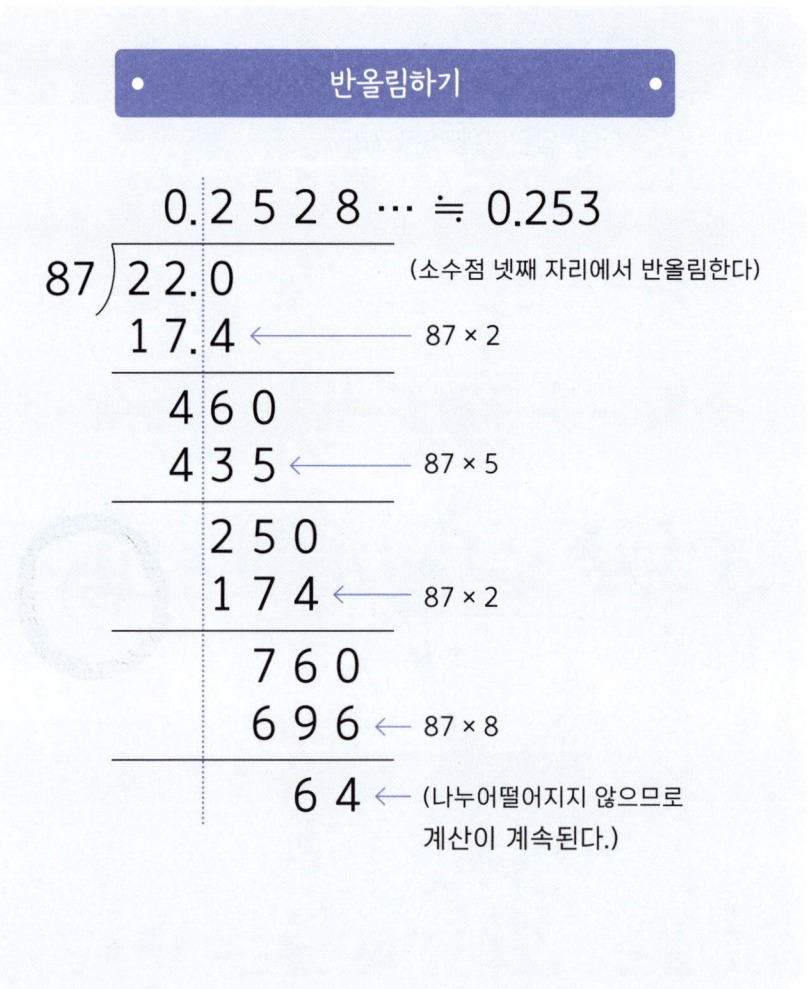

나눗셈 방법은 두 자리 수의 나눗셈과 같아. 몫의 일의 자리에 0이라고 쓰고, 소수점 첫째 자리에 0을 내려서 22를 220처럼 생각하고 계산을 계속하는 거야."

유나가 계속 설명했습니다.

"나누어떨어지지 않고 끝없이 계산이 계속되는 경우도 있어. 그런 경우에는 적당한 곳에서 계산을 멈춰. 타율은 소수점 셋째 자리까지의 답이 필요하니까 소수점 넷째 자리까지 계산하지. 소수점 넷째 자리가 0~4일 때는 없었던 것으로 무시해. 소수점 넷째 자리가 5~9일 때는 소수점 셋째 자리에 1을 더해. 이것을 반올림이라고 해. 여태까지 설명 이해했니?"

장미는 설명을 듣다 보니 점점 머리가 맑아져서 다 알 것 같았습니다. 그래서 "이해했어요."라고 답했습니다.

그렇습니다. 머리가 맑아지면 수학을 이해하게 됩니다. 이것이 넘버랜드의 특징입니다.

넘버랜드에는 학년이 없습니다. 1학년이라도 이해가 되기만 하면 앞으로 나올 부분까지 얼마든지 배워도 됩니다. 그리고 넘버랜드에서는 흥미를 가지고 앞으로 나올 부분을 공부하면 머리도 그에 맞춰서 그 부분을 이해할 수 있는 사고력을 가지게 됩니다.

장미도 넘버랜드에 온 후부터 점점 두뇌 작용이 활발해지고 있습니다. 본인은 느끼지 못하고 있지만요.

소수점 계산을 해 보자

유나가 말했습니다.

"그러면 소수와 소수의 덧셈, 뺄셈, 곱셈, 나눗셈하는 방법을 차례대로 설명할게.

먼저 덧셈과 뺄셈이야. 소수끼리의 덧셈과 뺄셈은 **소수점을 기준으로 자릿수를 맞추어** 세로식으로 쓰고 계산하면 되는 거야."

소수의 덧셈 · 뺄셈

덧셈과 뺄셈에서는 소수점을 기준으로 자릿수를 맞추어 세로식으로 쓰고 계산한다.

$$\begin{array}{r} 3.25 \\ +\ 0.053 \\ \hline 3.303 \end{array} \qquad \begin{array}{r} 3.25 \\ -\ 0.053 \\ \hline 3.197 \end{array}$$

"다음은 곱셈이야. 소수끼리의 곱셈은 소수점을 맞추는 것보다 숫자의 오른쪽 끝을 맞추면 계산하기 편해.

우선은 자연수의 곱셈처럼 계산해. 곱셈이 끝나면 그 답의 오른쪽 끝부터 곱하는 수와 곱해지는 수의 소수점 아래 자릿수를 합한 자릿수만큼 왼쪽으로 옮긴 부분에 '.'(소수점)을 찍는 거야."

소수의 곱셈

곱셈은 곱하는 수와 곱해지는 수의 소수점 아래 자릿수의 합계를 내어 소수점을 찍는다.

$$
\begin{array}{r}
3.25 \\
\times\ 0.053 \\
\hline
975 \\
1625 \\
\hline
0.17225
\end{array}
$$

3.25 ← 소수점 아래 두 자리
0.053 ← 소수점 아래 세 자리

0.17225 ← 위의 두 개의 소수점 아래 자릿수의 합계를 내어 소수점 아래 다섯 자리로 만든다.

"이런 식으로 계산하면 소수를 더하고 빼고 곱하고 나눌 수 있어."

소수의 나눗셈

$$3.25 \div 0.053 = ?$$

우선, 나누는 수의 소수점을 오른쪽 끝으로 옮긴다.
이 경우는 세 자리 움직인다.
다음은 나누어지는 수도 마찬가지로 오른쪽으로
세 자리 옮긴다.

```
              6 1 ···0.017
    0.053 ) 3.2 5 0
              3 1 8
                 7 0
                 5 3
                 1 7
```

나머지가 발생하면, 소수점을 원래대로 돌려놓는다. (왼쪽으로 세 자리)

나머지인 수의 소수점을 원래대로 돌려놓는다.
(왼쪽으로 세 자리 이동한 곳에 소수점을 찍는다)

$$3.25 \div 0.053 = 61 \cdots 0.017$$

유나가 설명을 이어갔습니다.

"계산할 때 소수가 편리한 점도 있고 분수가 편리한 점도 있어. 그러니까 이번엔 소수를 분수로 바꾸는 방법을 알아보자.

나눗셈의 경우, 나머지가 생기는 경우가 있잖아. 나머지를 남기지 않고 간결하게 계산하고 싶으면 분수로 바꿔서 계산하면 되거든.

소수를 분수로 바꾸는 것은 아주 간단해. 다음과 같이 하면 돼."

소수를 분수로 바꾸기

소수점 아래 숫자가 한 개라면 10, 2개라면 100……
이런 식으로 분모에 쓰고, 분자의 숫자는 원래 소수에서 소수점을 빼고 쓴다.

$$0.7 = \frac{7}{10} \quad 0.24 = \frac{24}{100} \quad 3.9 = \frac{39}{10}$$

"소수 계산은 이걸로 끝이야."

분수를 소수로 바꿔 보자

이번에는 지호가 말했습니다.

"분수를 소수로 바꾸기 위해서는 나눗셈을 하는데 나누어떨어지는 경우와 나누어떨어지지 않는 경우를 각각 알아봐야 해. 나누어떨어지지 않는 경우는 어떻게 할지 생각해 보자."

분수를 소수로 바꾸기

$$\frac{1}{3} = 1 \div 3 = 0.33333\cdots = 0.\dot{3}$$

↑ 반복되는 숫자 위에 ・를 찍는다.

$$\frac{1}{7} = 1 \div 7 = 0.142857142857\cdots$$
$$= 0.\dot{1}4285\dot{7}$$

↑   ↑

순환마디(되풀이되는 부분)의 시작과 끝 숫자 위에 ・를 찍는다. 142857이 무한으로 되풀이된다는 것을 알려주는 표시다.

지호가 이어서 설명했습니다.

"1 ÷ 3은 계산해 보면 알겠지만 끝없이 같은 수가 되풀이될 뿐 나누어떨어지지 않아. 그래서 되풀이되는 숫자 3 위에 '•'를 찍어서 끝없이 되풀이된다는 것을 표시하지.

　1 ÷ 7도 역시 나누어떨어지지 않고 '142857'이 순환하므로 숫자 1과 7 위에 '•'를 찍어."

장미는 너무 궁금해서 한 가지 질문을 했습니다.
"1 ÷ 3의 나눗셈에서 0.3333…은 어디까지 이어지는 거예요?"
지호가 대답했습니다.
"정말 좋은 질문이야. 그건 말이야, 어디까지나 끝없이 이어져. 끝이 없는 것을 '무한'이라고 해. 무한히 계속되는 거야."
"그럼, 계산도 끝나지 않는다는 의미예요?"
"마지막까지 계산할 수는 없으니까 끝나지 않았다고 할 수도 있지만, 3이 무한으로 반복된다는 것을 알기 때문에 계산이 끝났다고 말할 수도 있지."

장미는 3333…라는 숫자가 무한히 어디까지나 이어지는 모습을 상상해 보았습니다.

✦ 영원히 끝나지 않는 소수란 무엇일까?

지호가 말했습니다.

"$\frac{1}{3}$이 0.3333…이라는 건 계산하면 알 수 있어.

분수는 나누어떨어져서 유한 소수가 되거나 나누어떨어지지 않고 무한히 순환하는 소수가 되거나 둘 중 하나야. 유한이라는 건 어느 지점에 끝이 있다는 의미야.

그러면 무한히 순환하는 소수가 있는 경우, 그것을 분수로 바꿀 수 있을까? 사실은 반드시 바꿀 수 있다는 것이 밝혀졌어. 무한히 순환하는 소수는 분수이기도 한 거야.

그럼 어떻게 바꿀까? 초등학교에서는 배우지 않아. 중학교에서도 배우지 않고. 고등학교에 가서 '수열'이라는 것을 배우면 바꿀 수 있게 돼. 하지만 오늘은 특별히 바꾸는 방법을 가르쳐 줄게."

지호가 설명을 이어갔습니다.

"이 예시를 따라 하면 일정한 순서로 무한히 숫자가 순환하는 어떤 소수라도 분수로 바꿀 수 있어."

• 무한히 순환하는 소수를 분수로 바꾸기 •

0.333333…처럼 나누어떨어지지 않고 3이 계속되는 소수를 분수로 바꾸려면 어떻게 할까?

되풀이되는 숫자의 맨 첫 숫자를 쓴다.

한 개의 숫자가 반복되므로 분자에는 10을 쓰고, 분모에는 한 자리의 9를 쓴다.

$$0.333333\cdots = 0.3 \times \frac{10}{9} = \frac{0.3 \times 10}{9} = \frac{1}{3}$$

0.142857142857…처럼 나누어떨어지지 않고 142857이 순환하는 소수를 분수로 바꾸려면 어떻게 할까?

$$0.142857142857\cdots$$

순환하는 숫자를 쓴다.

6개의 숫자가 순환하므로 분자에는 1000000을 쓰고, 분모에는 여섯 자리의 9를 쓴다.

$$= 0.142857 \times \frac{1000000}{999999}$$

$$= \frac{142857}{999999} = \frac{1}{7}$$

999999 ÷ 142857은 나누어떨어져서 7이 된다.

"그럼 일정한 숫자가 순환하지 않고 무한히 계속되는 소수도 있어요?" 장미가 물었습니다.

"아주 훌륭한 질문이야." 지호가 말했습니다. "있고말고. 초등학교에서는 딱 하나, 그런 소수를 배워. 그건 원주율이야."

"원주율이요?" 장미가 물었습니다.

"원주율은 아주 조금 후에 도형 부분에서 설명해 줄게. 그 외에 순환하지 않고 무한히 계속되는 소수는 중학교와 고등학교에서 조금 배울 거야."

좀 아까부터 마음이 들떴던 장미는 이런 노래를 불렀습니다.

> 소수는, 소수는 말이야,
> 1보다 작은 수를 나타내지.
> 소수점이 있다네.
> 하지만 계산은 소수점이 없는 것과
> 똑같아, 똑같아.
> 그러니까 아주아주 간단, 간단해.
> 아싸, 아싸, 아싸.
> 하지만 나머지가 있는 나눗셈만은
> 소수점 찍는 위치를 조심, 조심해.
> 아싸, 아싸, 아싸.

유나가 말했습니다.

"'소수' 건물 다음은 '도형' 건물이야. 거기서 원과 원주율에 관한 설명을 해 줄 거야."

'도형' 건물은 '소수' 건물에서 조금 떨어진 곳에 있었습니다.

달은 여전히 같은 자리에 걸려 있었습니다.

지호가 맨 앞에 선 채 세 명은 가로등 불빛을 받으며 '도형' 건물을 향해 발걸음을 재촉했습니다. '도형' 건물은 원, 사각형, 삼각형이 한데 어우러진 아주 특이한 모양의 건물이었습니다.

✦ 도형이란 무엇일까?

입구로 들어가자 큰 모니터 화면에는 이런 설명이 쓰여 있었습니다.

도형과 넓이

✦ **도형 :** 직선이나 곡선으로 둘러싸인 모양을 가리킨다.

　　　　(도형에는 사각형, 삼각형, 원 등이 있다.)

✦ **넓이 :** 어떤 도형이 얼마나 넓은지를 가리킨다.

　　　　(다양한 도형의 넓이를 변의 길이나 반지름을 토대로 계산할 수 있다.)

★**변:** 다각형(삼각형, 사각형 등)을 이루는 선분(두 점 사이를 곧게 이은 선)
★**반지름:** 원의 중심과 원 둘레의 한 점을 이은 거리

지호가 말했습니다.

"먼저 중요한 것은 길이와 넓이를 구별하는 거야.

길이는 쭉 곧은 막대 같은 거로 잴 수가 있어. 길이처럼 폭이 없는 것을 1차원이라고 해. 한편, 넓이는 넓은 정도를 의미하는데 세로와 가로가 있어. 그래서 2차원이라고 하지.

길이는 단위(1이 되는 것)를 정해서 1m(일 미터), 2m(이 미터) 등으로 잴 수 있어. 넓이는 세로와 가로의 길이가 모두 1m라면 1 × 1 = 1이므로 1m²(일 제곱미터) 등으로 계산해.

길이의 1과 넓이의 1을 헷갈리면 안 돼."

유나가 더해서 말했습니다.

"미터에 관해서는 이다음 건물에서 자세히 설명해 줄 거야."

✦ 도형의 넓이

"그럼, 다양한 도형의 넓이를 계산하는 방법을 알아보자. 우선, 사각형부터." 유나가 말했습니다.

"가장 기본이 되는 것은 정사각형이야. 길이가 같은 네 개의 선으로 둘러싸인 도형으로 모든 각[5]이 직각이야. 직각이라는 건 십자가처럼 막대기를 놓으면 두 개가 만나서 이루는 모서리에 90도의 각이 4개 생기는데 그 각을 가리키는 거야.

---

5 두 직선이 만나서 생기는 모서리를 말함.

　정사각형은 세로가 1m라면 가로도 1m인 사각형이고 넓이는 $1m^2$(일 제곱미터)야. 세로가 2m, 가로가 2m라면 넓이는 $4m^2$(사 제곱미터)야. 이런 식으로 곱셈으로 계산하면 돼."

"그거라면 어렵지 않아요!" 장미가 말했습니다.

　유나가 설명을 계속했습니다.

"세로와 가로의 길이가 다른 긴 모양의 사각형을 <u>직사각형</u>이라고 해. 4개의 각은 모두 직각이야. 세로가 3m이고 가로가 2m라면 넓이는 3 × 2 = 6이 되니까 $6m^2$(육 제곱미터)야. <u>세로 × 가로 = 넓이</u>, 이렇게 역시 곱셈으로 계산할 수 있어."

"이것도 어렵지 않아요!" 장미가 말했습니다.

정사각형과 직사각형의 넓이

세로 1m × 가로 1m인 정사각형의 넓이를 1㎡라고 한다.

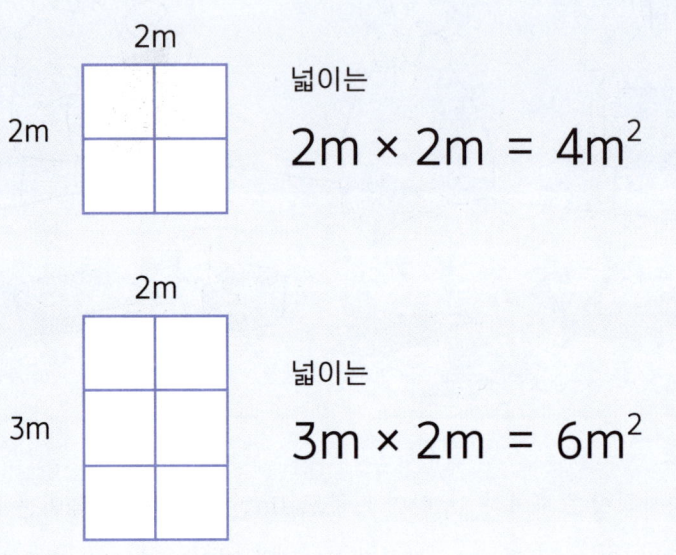

넓이는

$2m × 2m = 4m^2$

넓이는

$3m × 2m = 6m^2$

유나가 계속해서 설명했습니다.

"그럼 다음은 평행사변형을 볼까?

길이가 다른 두 쌍의 선이 합해서 4개 있는데, 그 선들로 네모난 도형을 만들었어. 서로 마주 보는 2개의 선은 평행이야. 기차가 다니는 철로처럼 같은 폭으로 끝없이 뻗어가지. 하지만 각은 직각이 아니야. 직사각형을 눌러서 조금 찌그러뜨리면 이런 모양이 돼.

평행사변형은 다음 그림처럼 잘라서 이동시키면 같은 넓이의 직사각형으로 바꿀 수가 있어. 그러므로 넓이는 밑변 × 높이, 이렇게 계산할 수 있어. 높이는 밑변으로 정한 선에서 직각으로 늘인 선의 길이를 의미해.[6]"

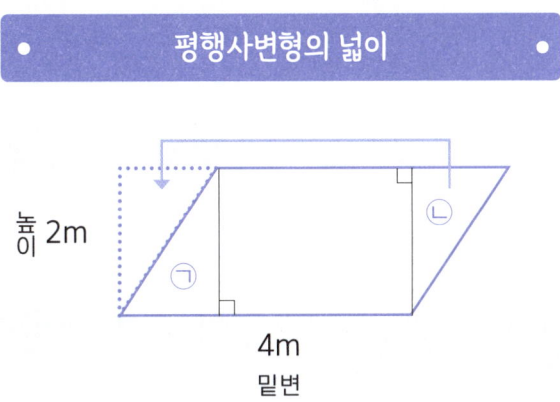

㉠의 넓이는 ㉡의 넓이와 같다.

따라서 평행사변형의 넓이는

세로 2m, 가로 4m인 직사각형의 넓이와 같다.

$$2m \times 4m = 8m^2$$

"평행사변형의 높이는 어떻게 알 수 있어요?" 장미가 물었습니다.

"아주 좋은 질문이야." 유나가 말했습니다.

"우선은, 자로 재어 보자."

---

[6] 평행한 두 변을 '밑변'이라고 하고, 두 밑변을 수직으로 연결한 선의 길이를 '높이'라고 함.

"정사각형과 평행사변형 같은 도형의 둘레를 둘러싼 직선을 변이라고 해." 유나가 계속 설명했습니다.

"평행사변형에서 맞닿아 있는 변은 보통 길이가 달라. 만약 평행사변형의 변 4개의 길이가 전부 같은 경우는 특별히 '마름모'라고 불러."

✦ 삼각형과 피타고라스의 정리

"다음은 삼각형의 넓이야." 유나가 말했습니다.

"삼각형은 같은 삼각형을 하나 더 이어 붙여 보면 평행사변형이 돼. 화면을 한번 볼까? '밑변 × 높이'가 평행사변형의 넓이이므로 그 절반이 삼각형의 넓이가 되는 거야."

"우와, 대단해요. 모든 삼각형이 그런 거예요?" 장미가 물었습니다.

"응, 맞아."

삼각형의 넓이

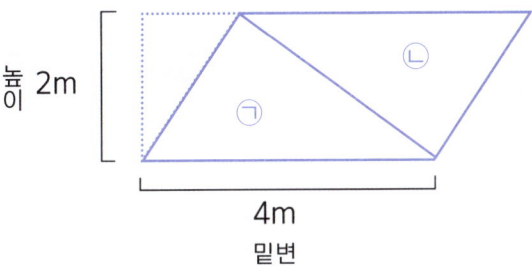

밑변 4m, 높이 2m인 삼각형 ㉠과 ㉠을 뒤집은 삼각형 ㉡을 이어 붙이면 평행사변형이 된다.
삼각형 ㉠의 넓이는 평행사변형의 절반($\frac{1}{2}$)이다.

$$2m \times 4m \div 2 = 4m^2$$

"밑변과 높이가 같은 삼각형은 모두 넓이가 같단다. 다음 화면도 한 번 보자." 유나가 말했습니다.

"이것을 삼각형의 등적 변형[7]이라고 해."

"와, 이거 정말 대단한데요." 장미는 감탄했습니다.

---

[7] 도형의 넓이는 같은데 모양만 바꾸어 이동시키는 것

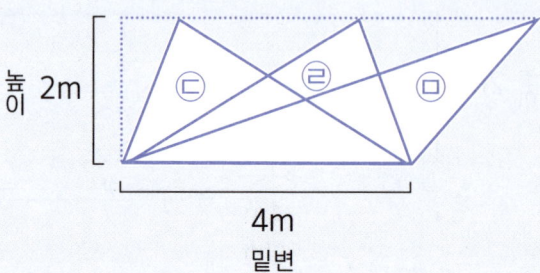

삼각형 ㉢, ㉣, ㉤은 모두 밑변과 높이가 같으므로 넓이도 같다. (등적 변형)

유나가 설명했습니다.

"삼각형 중에서 1개의 각이 직각인 삼각형을 <u>직각삼각형</u>이라고 해. 직각삼각형에는 특별한 성질이 있어. 직각을 낀 두 변은 밑변과 높이의 관계가 되므로 그 두 변을 곱하여 2로 나누면 넓이가 돼."

"직각삼각형은 어떻게 그려요?" 장미가 물었습니다.

유나가 대답했습니다.

"직각을 간단히 만드는 방법은 이렇게 하면 돼. 우선, 가느다란 끈에 길이의 비를 3 : 4 : 5, 예를 들면 3m, 4m, 5m가 되도록 표시를 한 후, 고리를 만들고 각각 표시 부분을 기준으로 팽팽하게 잡아당겨. 그러면 5m의 맞은편에 직각이 생겨. (직각과 마주 보는 변을 빗변이라고 해.)

이것은 '피타고라스의 정리'를 응용한 거야."

"피타고라스는 고대 그리스의 수학자였어." 지호가 말했습니다.

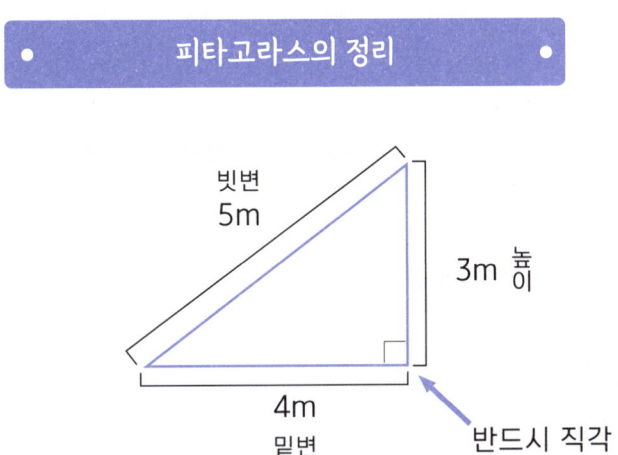

직각삼각형에서는 빗변과 다른 두 변 사이에 반드시 다음의 관계가 성립한다.

　(빗변) × (빗변)

= (변 1) × (변 1) + (변 2) × (변 2)

이것을 피타고라스의 정리라고 한다.

위의 그림으로 설명하면, 5 × 5 = 3 × 3 + 4 × 4 이다.

(25 = 9 + 16)

유나가 계속해서 설명했습니다.

"사다리꼴의 넓이 계산은 삼각형의 넓이 계산과 비슷해. 사다리꼴은 사각형 중에서, 마주 보는 한 쌍의 변이 평행한 사각형을 말해. 화면의 도형을 보자."

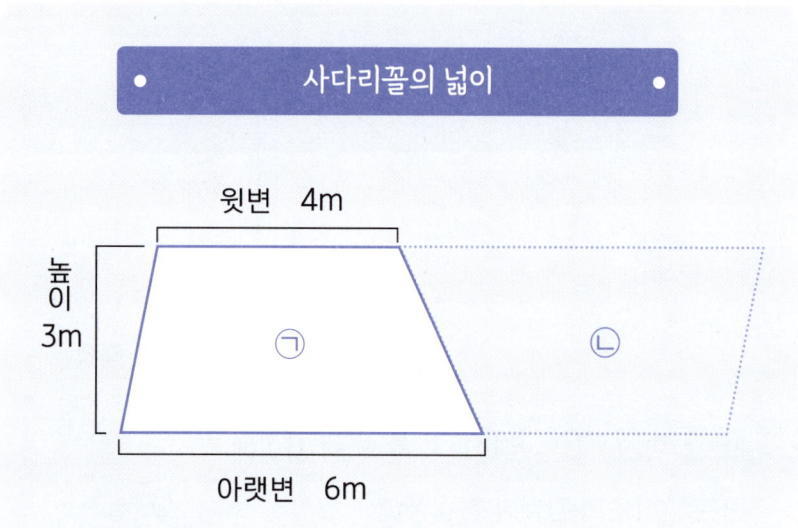

사다리꼴 ㉠과 ㉠을 뒤집은 사다리꼴 ㉡을 맞붙인 평행사변형의 넓이는 사다리꼴 넓이의 2배다.
따라서 평행사변형 넓이의 $\frac{1}{2}$이 사다리꼴의 넓이다.

사다리꼴의 넓이 = (윗변 + 아랫변) × (높이) ÷ 2
              = (4 + 6) × 3 ÷ 2
              = 10 × 3 ÷ 2
              = 15(㎡)

"사다리꼴의 넓이를 구하는 방법은 여기에 쓰여 있는 그대로야. 사다리꼴을 뒤집어서 이어 붙이면 평행사변형이 된다는 점이 중요한 포인트야."

'뒤집어서 이어 붙여서 평행사변형을 만든다는 점은 삼각형의 넓이 구할 때랑 똑같네.' 장미는 생각했습니다.

유나는 계속 이어서 설명했습니다.
"직선으로 둘러싸인 도형에서 넓이를 간단하게 계산할 수 있는 것은 여기까지야. 정사각형, 직사각형, 평행사변형, 삼각형, 사다리꼴. 초등학교에서는 여기까지 배워.

그 외의 직선으로 둘러싸인 도형은 이웃하지 않은 꼭짓점과 꼭짓점 사이에 선(대각선이라고 한다)을 그어서 몇 개의 삼각형으로 나누어 각각의 넓이를 계산하여 합하는 거야."

'아, 그렇구나.' 장미는 감탄하며 설명을 들었습니다.

원이 삼각형으로 만들어졌다고!?

유나가 말했습니다.
"초등학교에서 배우는 도형 중에서 또 중요한 것이 원이야.

원은 어느 점에서 같은 거리에 있는 점들의 모임인 도형이야. 아주 동그란 도형으로 한가운데 있는 점을 원의 중심, 둘레를 빙 둘러싼 곡선을 원주라고 해. 원의 중심에서 원주까지의 직선을 반지름, 원의 중심을 통과하여 원주에서 원주까지 잇는 직선을 지름이라고 해."

유나가 이어서 말했습니다.

"원주의 길이는 원주 둘레에 끈을 둘러서 잴 수 있어. 원주의 길이가 원의 지름과 비교하여 몇 배가 되는지를 나타내는 비율을 원주율이라고 해. 원주율은 큰 원이든 작은 원이든 항상 똑같아.

$$\pi = 3.14159265\cdots$$

이런 식으로 끝없이 이어지는 소수로 나타나. π(파이)는 원주율을 나타내는 기호야."

"끝없이 이어진다니, 정말로 끝이 없어요?" 장미가 물었습니다.

"응, 정말로 끝이 없어." 지호가 말했습니다.

"원주율 π는 반복되지 않고 끝없이 이어지는 소수이므로 분수로 바꿀 수가 없어. 아무리 계산한다고 해도 계산이 끝나지 않아. 최근에는 컴퓨터로 계산하여 소수점 아래 꽤 많은 자릿수까지 계산할 수 있긴 해."

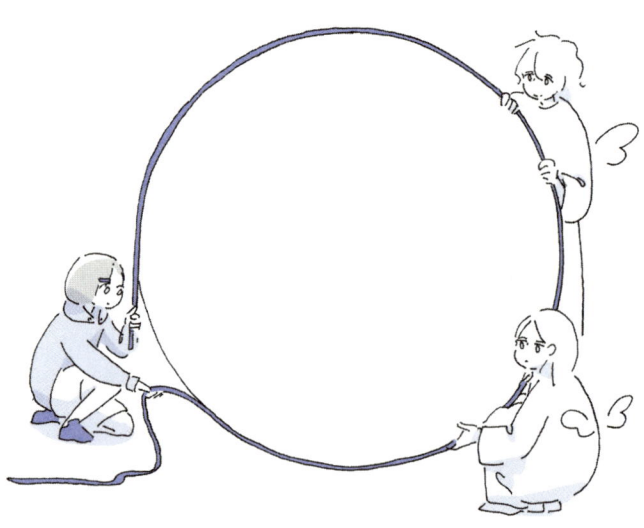

원주율(π)을 생각해 보자

원주율이란 원주의 길이가 원의 지름과 비교하여 몇 배가 되는지를 나타내는 비율을 말한다.

$$원주율\ \pi\ (파이) = 3.14159265\cdots$$

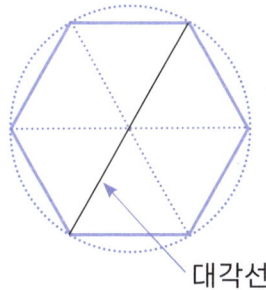
대각선

한편, 정육각형은 대각선 길이의 3배가 둘레의 길이와 같다. 원주는 그것보다 조금 더 길므로 원주율은 3보다 조금 큰 수가 된다.

지호가 이어서 말했습니다.

"원의 넓이는 어떻게 계산할까? 초등학교에서는 이렇게 배워.

　　원의 넓이 = 반지름 × 반지름 × 3.14

3.14는 원주율을 의미해. 정확한 수치는 아니지만, 끝없이 이어지는 소수이므로 간단하게 만든 거야.

그럼 왜 이 계산으로 원의 넓이를 구하는지 그걸 설명해 줄게. 이 계산은 사실 삼각형 넓이를 구하는 식이야.

장미는 피자를 먹어 본 적 있지?"

"네, 있어요. 엄청나게 좋아해요." 장미가 답했습니다.

"피자 먹을 때 보통 몇 조각으로 잘라서 먹잖아. 한 조각이 삼각형 모양이 되지?"

"으음, 삼각형 같긴 한데요, 테두리 부분이 둥글어요."

"그건 대충 큼직하게 잘라서 그런 거야. 피자를 한없이 가늘게 자른다고 해 보자. 한없이 가늘게 자르면 높이가 반지름인 삼각형에 점점 더 가까워져. 그리고 테두리 부분(밑변)을 이어 붙이면 원주의 길이가 될 거야. 그 가느다란 삼각형을 높이는 그대로 두고 같은 넓이의 삼각형으로 변형하여 꼭짓점을 오른쪽 끝으로 모아 본다면 화면의 도형처럼 될 거야.

원주의 길이는 '지름 × 원주율 π'잖아. 높이는 반지름이고. 지름은 반지름의 2배이므로 이 삼각형의 넓이는 '반지름 × 반지름 × 원주율 π'가 되는 거란다."

원의 넓이

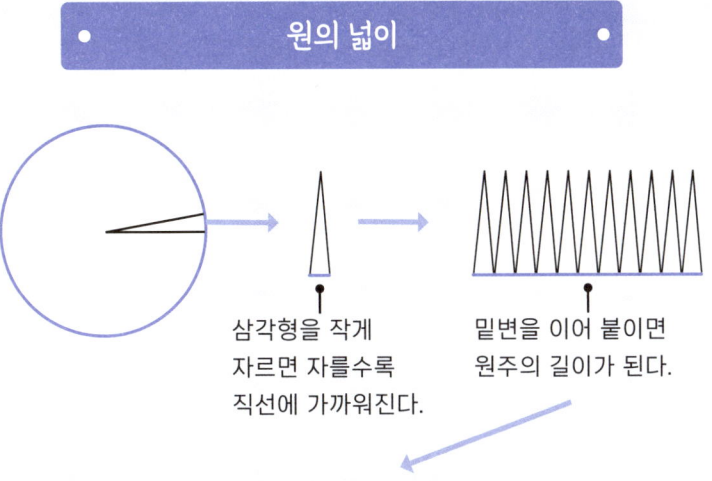

삼각형을 작게 자르면 자를수록 직선에 가까워진다.

밑변을 이어 붙이면 원주의 길이가 된다.

모든 삼각형의 꼭짓점을 오른쪽 끝으로 모은다.

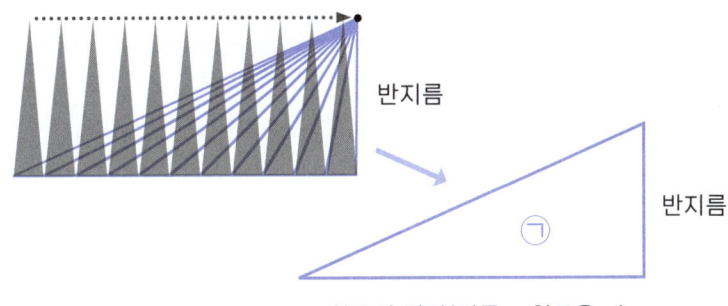

삼각형 ㉠의 넓이
= 지름 × 원주율 π × 반지름 ÷ 2
= 반지름 × 반지름 × 원주율 π

원의 넓이!

원의 넓이는 삼각형의 넓이를 구하는 것과 똑같다!

유나가 말했습니다.

"그런데 반지름과 반지름 사이에 낀 원의 일부를 부채꼴이라고 해. 부채와 비슷한 모양이기 때문이야. 부채꼴의 넓이는 부채꼴 중심각의 각도를 각도기로 재서 계산해.

원의 중심각은 360도(360°)이니까 중심각이 90도(90°)라면 원 넓이의 4분의 1, 30도(30°)라면 12분의 1, 이런 식으로 계산하면 되는 거야."

✦ 원주의 길이를 계산하는 법

장미가 질문했습니다.

"원주율은 어떻게 뒷부분까지 계산하는 거예요?"

유나가 대답했습니다.

"원주의 길이를 끈으로 재서 그것을 지름의 길이로 나눗셈을 하면 그 답이 원주율이 되잖아. 하지만 끈으로는 정확하게 잴 수가 없어서 뒷부분까지 정확하게 계산할 수는 없어."

지호가 이어서 자세히 설명했습니다.

"다양한 계산 방법이 있어. 예를 들어 이런 방식도 있는데 피타고라스의 정리를 사용하는 방식이야.

부채꼴의 양 끝(A와 B)을 직선으로 이으면 원주의 일부('호'라고 한다)보다 짧아지지. AB의 길이를 안다면 그 부채꼴을 반으로 나눠 마찬가지 방식으로 직선으로 연결하여 길이(c)를 계산할 수가 있어. (이 계산 방법은 '제곱근 풀이'라고 하는데 중학교에서 배운다.) 그 길이는 조금은 둘레 길이에 가까워져. 이것을 수없이 반복하여 둘레 길이를 구하는 거야."

"방법은 알 것 같기도 한데…… 무척 어려워 보여요." 장미가 말했습니다.

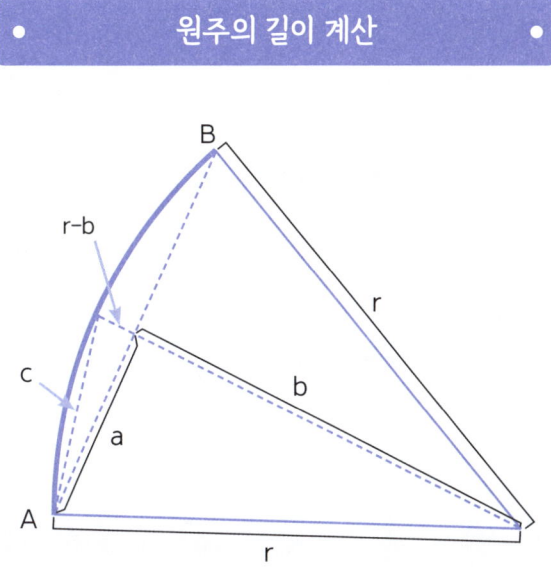

같은 수(예를 들어, 3)끼리 곱하는 것을 3의 제곱이라고 하며, $3 \times 3 = 3^2$와 같이 나타낸다. $a \times a = a^2$이 된다.

    r과 a를 알고 있다.

→ $b^2 + a^2 = r^2$이므로 b를 계산할 수 있다.

→ $(r - b)^2 + a^2 = c^2$이므로, c를 계산할 수 있다.

→ 똑같이 반복한다.

✦ 부피를 계산해 보자

유나가 말했습니다.

"세로와 가로가 있는 도형의 크기를 넓이라고 했지.

세로와 가로, 높이가 있는 도형이 공간에서 차지하는 크기를 부피라고 해. 그릇 등 물건을 담는 용기 같은 경우는 용적이라고도 하는데 같은 의미야."

유나는 설명을 이어갔습니다.

"정육면체의 경우를 우선 생각해 보자. 정육면체는 주사위처럼 세로, 가로, 높이의 길이가 모두 같고 모두 직각인 형태를 의미해.

세로, 가로, 높이가 각각 1m라고 하면, $1m^3$(일 세제곱미터)가 돼. 각각 3m라면 $27m^3$(이십칠 세제곱미터)가 되겠지.

세로, 가로, 높이의 길이가 다르지만 직각이 되는 경우는 직육면체라고 해. 이 경우에도 곱셈으로 계산할 수 있어.

직육면체의 부피 = (세로) × (가로) × (높이)

여기까지 이해되니?"

"네." 장미가 말했습니다. "넓이 구하는 원리랑 비슷해요."

유나가 말했습니다.

"또 초등학교에서 배우는 것은 원기둥의 부피, 원뿔의 부피야. 원기둥은 통조림 캔 같은 형태를 말해. 원기둥의 부피는

원기둥의 부피 = 밑면의 넓이(원의 넓이) × 높이

이렇게 계산할 수 있어.

원뿔은 고깔모자같이 밑면은 원이고 꼭대기(원뿔의 꼭짓점)가 뾰족한 형태를 말해. 원뿔의 부피는

$$\text{원뿔의 부피} = \text{밑면의 넓이(원의 넓이)} \times \text{높이} \times \frac{1}{3}$$

이렇게 계산할 수 있어."

지호가 여기에 더해서 말했습니다.

"원뿔의 부피는 원기둥 부피의 3분의 1($\frac{1}{3}$)이야. 각뿔도 마찬가지로 각기둥 부피의 3분의 1이 되고. 왜 3분의 1인지 밝히는 계산은 고등학교에 가서 적분을 배우면 잘 이해할 수 있을 거야. 기대하렴."

"각뿔은 어떤 거예요?" 장미가 물었습니다.

"피라미드의 예를 들어볼까? 밑면이 정사각형이고 꼭대기(각뿔의 꼭짓점)가 뾰족하지?" 지호가 말했습니다. "밑면이 삼각형이든 사각형이든, 어떤 다각형이든 꼭대기가 뾰족하면 각뿔이라고 해."

지호가 계속 말했습니다.

"또 초등학교에서 배우는 것은 구야. 구는 둥근 입체도형이야. 지구도 지'구'라고 하는 만큼 거의 구의 형태를 하고 있지.

구의 겉넓이는 구를 완전히 감싼, 원기둥의 옆넓이와 같아. (이 계산은 고등학교에서 적분을 배우면 할 수 있다.)

그러므로

구의 겉넓이 = 원주(지름 × 원주율 π) × 높이(지름)

= 지름 × 지름 × 원주율 π

(= 반지름 × 반지름 × 원주율 π × 4)

이렇게 계산할 수 있어.

구의 부피는 다음과 같이 계산할 수 있다는 것이 밝혀졌어. (이 계산도 고등학교에서 적분을 배우면 증명할 수 있다.)

구의 부피 = 반지름 × 반지름 × 반지름 × 원주율 π × $\frac{4}{3}$ "

유나가 말했습니다.

"길이, 넓이, 부피를 계산하기 위해서는 도형을 측정하는 것이 중요해. 그런데 예전에는 그 잣대가 나라마다 제각각이었어. 그래서 길이를 재는 잣대를 세계에서 하나로 정한 것이 미터법이야. 그럼 다음은 미터법에 관해 배워 보자."

세 사람은 다음 건물로 이동했습니다.

'도형' 건물 바로 뒤쪽에 '미터법'이라는 간판이 붙은 건물이 있었습니다.

천문대 같은 형태의 건물이었습니다.

입구 아치를 통과하니 큰 홀이 있었고 모니터 화면이 보였습니다.

화면에는 이런 글이 쓰여 있었습니다.

미터법이란 무엇일까?

전 세계 국가들에서 길이, 넓이, 무게의 단위가 제각각이어서 불편했다. 그런데 지금부터 200여 년 전에 프랑스에서 미터법이 탄생했다. 미터법은 십진법을 토대로 합리적으로 만들어진 것으로 물리와 과학 등 자연과학에서는 없어서는 안 될 존재이다. 프랑스 혁명을 통해 과거의 제도 대신에 인간을 위한 새 제도들이 탄생했다. 미터법도 그중 하나이다.

미터법은 다음 단위를 정했다는 점에서 중요하다.

길이의 단위 : 미터(m)
무게의 단위 : 그램(g)

✦ 지구의 크기를 재다

지호가 말했습니다.

"미터법은 지구의 크기를 재서 길이의 단위로 삼은 거야. 북극에서 적도까지의 원주를 재고 그것의 만분의 1을 1km(일 킬로미터)라고 했고 그 1,000분의 1을 1m라고 했어. 그리고 정확히 1m인 금속 막대기를 만들어서 박물관에 보관해 두었어. 이것을 '미터원기(Prototype Meter)'라고 해. (참고로 현재 미터 표준은 미터원기가 아닌 다른 기준으로 바뀌었다.)[8]"

장미가 물었습니다.
"정말로 지구 둘레 길이를 쟀어요?"
"응." 지호가 말했습니다.
"실제로는 극히 일부를 잰 거지만 말이야. 북극과 적도 사이 거리를 측정하기는 어려우니까 프랑스 부근의 극히 일부 지역의 거리를 쟀어. 하지만 그 발상이 중요한 거야. 지구 원주(자오선이라고 함)의 4분의 1을 1만 km로 정했어. 그래서 지구 한 바퀴는 대략 4만 km가 되는 거야. 그렇게 정한 거야. 그리고 빛은 1초에 지구를 7바퀴 반을 도니까 초속 30만 km가 되는 거야."

유나가 덧붙여 말했습니다.
"미터법의 장점은 철저한 십진법이라는 점이야. 1,000배를 킬로

---

8 현재는 불변하는 빛의 속도를 통해 미터를 정의함. 빛이 진공에서 2억 9,979만 2,458분의 1초 동안 진행하는 거리를 1m로 정의함.

(k), 10분의 1을 데시(d), 100분의 1을 센티(c), 1,000분의 1을 밀리(m)라고 해. 그러므로 1m(미터)의 1,000배가 1km(킬로미터), 1m의 100분의 1이 1cm(센티미터), 1,000분의 1이 1mm(밀리미터)인 거지."

길이의 단위

길이	단위	
1000m	km	킬로미터
1m	m	미터
$\frac{1}{100}$ m	cm	센티미터
$\frac{1}{1000}$ m	mm	밀리미터
$\frac{1}{1000000}$ m	μm	마이크로미터
$\frac{1}{10000000000}$ m	Å	옹스트롬

마이크로미터는 이전에 미크론(μ)이라고 했다.

✦ 넓이에도 단위가 있다

유나가 계속해서 설명을 이어갔습니다.

"길이의 단위를 토대로 넓이의 단위가 정해졌어. 다음 표를 한번 볼까?"

미터법 단위 (넓이)

넓이	넓이의 배율	길이	길이의 배율
$1km^2$	1000000배	1km	1000배
1ha 헥타르	10000배	100m	100배
1a 아르	100배	10m	10배
$1m^2$	1배	1m	1배
$1cm^2$	$\frac{1}{10000}$	1cm	$\frac{1}{100}$
$1mm^2$	$\frac{1}{1000000}$	1mm	$\frac{1}{1000}$

"넓이에서 주의할 점은 길이가 10배가 되면 넓이는 100배가 되고, 길이가 1,000배가 되면 넓이는 1,000,000배가 된다는 점이야. 제곱이 되는 거지.

1km²는 1m²의 1,000,000배(백만 배)야. 그 차이가 너무 커서 10m × 10m인 a(아르), 100m × 100m인 ha(헥타르)라는 단위를 만들었어. 이것은 농사짓는 데 쓰는 땅을 측정할 때 아주 적합한 단위야. 참고로 h(hecto 헥토)는 100이라는 의미야."

✦ 부피에도 단위가 있다

유나가 계속 설명했습니다.

"넓이 다음으로 부피의 단위로 가보자.

부피의 단위로 기본이 되는 것은 1cm³(일 세제곱센티미터), 1m³(일 세제곱미터)야. 이 경우, 길이가 100배가 되면 부피는 세제곱인 1,000,000배가 되는 것에 주의하도록 하자."

미터법 단위 (부피)

부피	부피의 배율	길이	길이의 배율
1m³	1000000배	1m	100배
1000cm³ = 1ℓ	1000배	10cm	10배
100cm³ = 1dℓ	100배		
1cm³ (mℓ, cc)	1배	1cm	1배
1mm³	$\frac{1}{1000}$	1mm	$\frac{1}{10}$

유나가 말했습니다.

"1m³는 1cm³의 1,000,000배로 그 중간에 ℓ(리터)라는 단위가 있어. 우유, 휘발유 등 일상생활에서 많이 사용하는 액체 등을 측정하는 데 편리한 단위야. ℓ는 10cm × 10cm × 10cm야. ℓ의 10분의 1을 dℓ(데시리터)라고 해. ℓ의 1,000분의 1을 mℓ(밀리리터)라고 하는데 이건 cm³와 같아. cm³를 cc(시시)라고도 한단다."

무게도 단위로 나타낸다

이번에는 지호가 말했습니다.

"미터법의 특징은 부피의 단위와 무게의 단위가 연결된다는 거야. 물은 4도일 때 가장 부피가 작은데 그것을 기준으로 무게를 정했어. 1cm × 1cm × 1cm = 1cm³의 물의 무게를 1g(그램)으로 정했단다.

다음 표를 한번 볼까?"

미터법 단위 (무게)

부피	무게	무게의 배율
1m³	1t 톤	1000000배
1ℓ (1000cm³)	1kg 킬로그램	1000배
1cm³	1g 그램	1배
1mm³	1mg 밀리그램	$\frac{1}{1000}$

"1t(일 톤)보다 무거운 것은 무게를 어떻게 재요?" 장미가 물었습니다.

"10,000t(만 톤), 이런 식으로 말할 때가 있어. 예를 들면, 아주 큰 배의 무게 같은 거." 유나가 말했습니다.

"들어 본 적 있어요."

"1년간 우리나라가 사용한 석유량을 1억t 이런 식으로 말하기도 하지."

지호도 말했습니다.

"1t의 1,000배를 kt(킬로톤), kt(킬로톤)의 1,000배를 Mt(메가톤)이라고 하기도 해. 이건 화약의 양을 나타내는 표현인데 원자폭탄이나 수소폭탄의 위력을 나타낼 때 사용하는 경우가 있어."

✦ 빠르기(속력)는 어떻게 계산할까?

유나가 말했습니다.

"길이에 관해 알아본 김에 빠르기에 관해서도 생각해 보자.
 1시간 동안 이동한 거리('길이'라고 할 수 있음)를 시속이라고 해. 마찬가지로 1분 동안 간 거리를 분속, 1초 동안 간 거리를 초속이라고 해."

지호가 이어서 말했습니다.

"그런데 주의할 점이 있어. 시간은 10진법이 아니라 60진법을 따른다는 점이야. 1시간은 60분, 1분은 60초지? 하루는 24시간이고.

60진법을 쓰는 이유는 60은 2, 3, 4, 5, 10, 12, 15, 30 등으로 나눌 수 있어서 편리하기 때문이야. 시계는 긴 바늘이 한 바퀴 돌면 60분, 짧은 바늘이 한 바퀴 돌면 12시간이 되도록 만들어져 있어. 각도로 시간을 재는 거야. 그건 태양과 달이 시간이 흐름에 따라 빙글빙글 도는 것처럼 보이기 때문이야."

유나가 물었습니다.
"시계 보는 법은 학교에서 배웠니?"
"유치원에서 배우긴 했어요." 장미가 말했습니다.
"그런데 초등학교에서 더 자세히 배웠어요."

유나가 말했습니다.
"거리와 시간, 속력(빠르기)에는 이런 관계가 있어."

거리, 시간, 속력의 관계

✦ **속력을 계산하는 식**

$$속력\,(km/h) = \frac{거리\,(km)}{시간\,(h)}$$

✦ **거리를 계산하는 식**

$$거리\,(km) = 속력\,(km/h) \times 시간\,(h)$$

✦ **시간을 계산하는 식**

$$시간\,(h) = \frac{거리\,(km)}{속력\,(km/h)}$$

속력 = 거리 ÷ 시간
거리 = 속력 × 시간
시간 = 거리 ÷ 속력

"이 세 개의 식은 모두 같은 것을 의미해. 거리와 시간, 속력, 이 셋 중에서 둘을 알면 나머지 하나를 계산할 수 있다는 거야. 무엇을 구하는가에 따라 적합한 식을 사용하면 돼."

유나가 계속해서 설명했습니다.

"시간의 단위에는 시간/분/초가 있어. 거리의 단위로는 km(킬로미터), m(미터)가 있지. 같은 속력을 시속 ○km로 표현할 수도 있고, 초속 ○m로 표현할 수도 있어. 그렇게 계산하는 걸 '단위 변환'이라고 해."

속력 계산 (단위 변환)

시속 36km를 초속으로 바꾸면?

$$시속\ 36km = \frac{36km}{1시간} = \frac{\cancel{36000}^{10}\,m}{\cancel{3600}_{1}\,초} = 초속\ 10m$$

1km를 1000m로, 1시간을 3600초로 바꾼다.

"초속을 분속으로 바꾸거나 시속으로 바꾸는 것도 역방향으로 생각하면 마찬가지로 계산할 수 있어." 유나가 덧붙여 말했습니다.

✦ 에너지의 단위

"미터법이 대단한 이유는 에너지의 단위와도 연관되기 때문이야." 지호가 말했습니다.

"물 1g(그램)의 온도를 1℃(도) 높이는 데 필요한 열량을 1cal(칼로리)라고 해. cal(칼로리)의 1,000배는 kcal(킬로칼로리)야. 단, 식사의 열량을 나타낼 때 사용하는 칼로리도 kcal이므로 주의하자."

'칼로리 계산법은 잘 알고 있어. 탄수화물과 단백질은 1g에 4kcal야. 지방은 1g에 9kcal이고. 모델들은 칼로리를 너무 많이 섭취하지 않도록 늘 신경을 쓰거든.' 장미는 생각했습니다.

"에너지와 열량은 같은 뜻이에요?" 장미가 물었습니다.

"응, 맞아. 에너지는 물건이 움직이거나 생명이 활동하는 근원이야. 그러니까 에너지를 측정할 수 있다는 것은 대단히 중요한 일이지." 지호가 대답했습니다.

"그럼, 마지막 건물로 가 보자." 유나가 말했습니다.

'마지막 건물이라니. 넘버랜드와도 이제 곧 이별이구나.' 장미는 마음속으로 되뇌었습니다.

둥근 보름달이 여전히 하늘의 같은 자리에 걸려 있었습니다.

'미터법' 건물을 나오자 다음 '약수와 배수' 건물은 조금 멀리 떨어진 곳에 있었습니다. 걸어가는 도중에 구석구석 고장 난 드론이 여러 개씩 쌓여 있는 모습이 보였습니다.

'약수와 배수'라는 간판이 붙은 건물은 '곱셈'과 '나눗셈' 건물을 내려다보는 조금 높은 곳에 있었습니다. 자그마한 건물이었는데 뒤쪽은 증축 중이었습니다.

"아직 짓고 있는 중이에요?" 장미가 물었습니다.

"응. 이 건물은 초반에는 간단한데 파고들어 갈수록 상당히 내용이 깊거든." 지호가 말했습니다.

✦ 배수를 찾아보자

'약수와 배수' 건물에 들어가자 역시 입구에 넓은 홀이 있었고 그곳에 걸려 있는 모니터 화면에 이런 말이 쓰여 있었습니다.

> • 약수와 배수의 세계에 오신 것을 환영합니다 •
>
> ✦ **약수**
>
> 약수는 '어떤 수를 나누어떨어지게 하는 수'를 의미한다.
> 예를 들어, 12의 약수는
>
> $$1, 2, 3, 4, 6, 12$$
>
> 이다.
>
> ✦ **배수**
>
> 배수는 약수의 반대이다.
> 2가 12의 약수라면 12는 2의 배수이다.

유나가 물었습니다.

"장미야, 짝수에 관해 배운 적 있니?"

"배웠어요. 짝수는 2로 나누어떨어지는 수. 짝수가 아닌 수가 홀수예요."

"맞아, 잘 아네." 유나가 말했습니다.

"짝수는 2의 배수라는 의미야.

 짝수를 구분하는 법은 알고 있니?" 유나가 또 질문했습니다.

"알아요. 10, 12, 100 같은 수는 나누어떨어져요."

"그렇지. 짝수인지 아닌지 구분하려면 일의 자리를 보면 돼. 일의 자리의 숫자가 2, 4, 6, 8, 0이면 반드시 2로 나누어떨어져. 0이 들어가는 이유는 10이 2로 나누어떨어지기 때문이야."

"그러면 배수 찾는 방법을 정리해 볼까? 기억해두면 아주 편리하거든."

배수 찾는 방법 (1)

- 2의 배수 : 일의 자리 수가 2로 나누어떨어진다.
  (2, 4, 6, 8, 0)
- 4의 배수 : 끝의 두 자리 수가 4로 나누어떨어진다.
- 5의 배수 : 일의 자리가 5 혹은 0이다.
- 8의 배수 : 끝의 세 자리 수가 8로 나누어떨어진다.
- 10의 배수 : 일의 자리가 0이다.

유나가 계속 말했습니다.

"이건 쉬우니까 다들 알고 있을지도 몰라. 그럼 다음은 어떨까?"

배수 찾는 방법 (2)

- 3의 배수 : 각 자리 수의 합이 3으로 나누어떨어진다.

    (예를 들어, 1347은

    1 + 3 + 4 + 7 = 15가 3으로

    나누어떨어지므로 3의 배수)

- 6의 배수 : 2의 배수(짝수)이면서 3의 배수이다.
- 9의 배수 : 각 자리의 수의 합이 9로 나누어떨어진다.

    (예를 들어, 32589는

    3 + 2 + 5 + 8 + 9 = 27이 9로

    나누어떨어지므로 9의 배수)

- 12의 배수: 3의 배수이면서 4의 배수이다.

"3의 배수를 찾는 방법은 모르면 손해야. 분수를 약분할 때도 편리하거든. 다음은 어떨까?"

배수 찾는 방법 (3)

- 7의 배수 : 7의 배수를 '간단히' 찾는 방법은 없다.[9]

  (혹시 있다면 알려 주세요.)

- 11의 배수 : 각 자리의 수를 하나씩 건너서 더한 값의 차가

  0 혹은 11의 배수이면 그 수는 11의 배수이다.

  (예를 들어, 121은 (1 + 1) − 2 = 0

  따라서 11의 배수이다.

  905476은 (9 + 5 + 7) − (0 + 4 + 6) = 11

  따라서 11의 배수이다.)

- 13의 배수 : 13의 배수를 간단히 찾는 방법은 없다.

  (혹시 있다면 알려 주세요.)

"11의 배수 찾는 방법은 상상도 못 했어요. 왜 그렇게 되는 거예요?" 장미가 물었습니다.

"어떤 수에 11을 곱하면 이웃한 자리에 같은 숫자가 오게 돼. 그러니까 곱셈의 답에서 각 자리의 수를 하나씩 건너뛰어 더하여 그 차를 구하면 0이 돼. 예를 들어, 121에 11을 곱하면 1331이 되는데 한 자리씩 건너서 더한 값의 차, 즉 (1 + 3) − (3 + 1)이 0이 되는 거지.

---

9 7의 배수를 찾는 방법이 있기는 하지만 너무 복잡해서 오히려 7로 나누는 것이 더 간단하고 쉬움.

그러면 곱셈 도중에 받아올림이 있는 경우는 어떻게 될까? 어느 자리의 10이 없어지고 그 위의 자리의 수가 1 커지니까 그 차는 11이 돼. 그래서 계산하여 구한 차가 0이 아니라 11의 배수라도 역시 그 수는 11로 나누어떨어지는 거지." 지호가 말했습니다.

약수를 찾아보자

유나가 말했습니다.

"그럼 다음은 약수 찾는 법을 알아볼까? 어떤 수는 2의 배수이면서 3의 배수이기도 하고…… 이런 식으로 여러 수의 배수가 되는 경우가 있어."

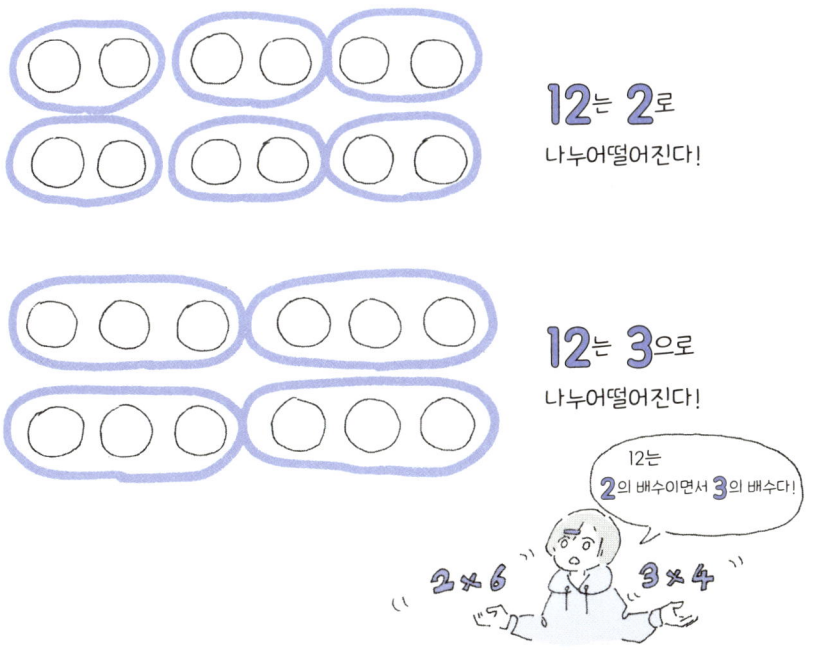

약수란 무엇일까?

12는 1 × 12, 2 × 6, 3 × 4로 쓸 수 있다.
그것은 12장의 타일로 직사각형을 만드는 방법이 다음 3가지이기 때문이다.

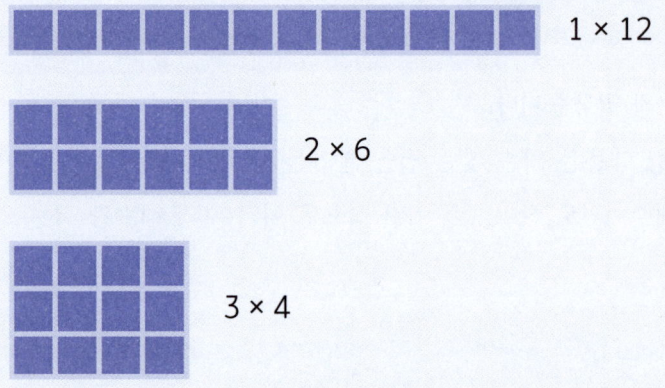

12의 약수는 1, 2, 3, 4, 6, 12이다.

"어떤 수가 몇 개의 수의 배수가 되는지(몇 개의 수를 약수로 가지는지)를 하나도 빠짐없이 찾는 방법을 생각해 보자."

> **모든 약수를 빠짐없이 구하는 방법**
> (U자 작전)

36의 약수를 찾는 방법이다.

① 첫째 줄 양 끝에 1, 36이라고 쓴다.

② 2로 나눈다. 나뉘면 답을 오른쪽 옆에 쓰고 나뉘지 않으면 다음으로 넘어간다.

③ 3으로 나눈다. 나뉘면 답을 오른쪽 옆에 쓰고 나뉘지 않으면 다음으로 넘어간다.

④ 이렇게 4, 5, 6…… 순으로 진행하여 오른쪽 옆의 수를 따라잡으면 끝낸다.

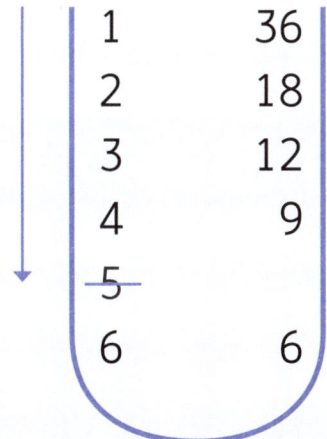

36의 약수는 1, 2, 3, 4, 6, 9, 12, 18, 36이다.

"이렇게 하면 약수를 하나도 빠짐없이 구할 수 있어. 알겠니?" 유나가 말했습니다.

"한번 해 볼게요." 장미가 대답했습니다.

✦ 소수란 뭘까?

"다음으로 소수 이야기를 한번 해 볼까?" 지호가 말했습니다.

소수란 무엇일까?

1과 자기 자신만을
약수로 가지는 자연수를 소수라고 한다.

소수의 예 : 2, 3, 5, 7, 11, 13, 17, 19, 23, 29……

단, 1은 소수도 합성수도 아니다.

"수에는 다른 수의 곱셈의 답이 되는 수와 그렇지 않은 수, 두 종류가 있어. 단, 모든 수는 1과 자기 자신의 곱셈으로 이루어져 있으므로 이 경우는 제외하자. 예를 들어, 12를 보면 2 × 6이나 3 × 4라고 쓸 수 있어. 이런 수를 합성수라고 해.

한편, 13 같은 수는 1 × 13 외의 곱셈의 형태로 나타낼 수 없으므로 합성수가 아닌 소수가 되는 거야."

지호가 계속 말했습니다.

"소수는 이처럼 아무리 많은 수를 살펴보아도 불규칙적으로 나타나. 물론 불규칙이라고는 하지만, 무언가 규칙이 있는 것은 아닐까 하고 수많은 수학자가 연구하고 있지."

"0은 소수예요?" 장미가 물었습니다.

"오, 아주 좋은 질문이야. 소수인지 아닌지는 1 이상의 수(이런 수를 자연수라고 한다)에 관해서만 생각하니까 0은 소수도 합성수도 아니란다." 지호가 대답했습니다.

장미는 또 궁금한 것이 떠올라서 물었습니다.

"소수는 2, 3, 5, 7, 11, 13, 17, 19, 23…… 이렇게 죽 이어지잖아요. 그다음은 어떻게 돼요?"

"아아, 소수의 규칙만 알 수 있다면……." 지호가 말했습니다.

"그걸 알면 노벨상 같은 상을 10개 정도 받을 수 있을 거야."

"앗, 그 정도예요?" 장미는 깜짝 놀랐습니다.

그렇습니다. 학교 수학 시간에는 답이 정해진 것들만 배우는 것입니다. 하지만 수의 세계에는 아직 답을 모르는 것도 있다고 합니다. 장미는 신기한 기분이 들었습니다.

"그럼 수의 세계에는 아직 답을 모르는 것이 어느 정도 있어요?"

지호가 답했습니다. "셀 수 없을 정도로 많아……. 오히려 답을 아는 것이 극히 일부야."

유나는 먼 곳을 바라보는 듯한 표정을 지었습니다. 장미는 머리가 지끈지끈한 느낌이 들었습니다.

✦ 수를 조각조각 분해한다고?

"그런데 모든 합성수는 소수의 곱셈 형태로 바꿀 수가 있어." 지호가 말했습니다.

"이것은 아주 중요한 수의 성질이야. 그리고 소수의 곱셈으로 바꾼 결과는 수마다 전부 달라서 딱 한 가지로 같은 게 없어.

수를 소수의 곱셈으로 바꾼 것을 소인수분해라고 해. 소인수분해 방법을 설명해 줄게."

소인수분해

어떤 수를 소수의 곱셈 형태로 바꾸는 것을 소인수분해라고 한다.

✦ **36의 예**

```
2 ) 36
2 ) 18
3 )  9
     3
```

우선, 2로 더 나누어지지 않을 때까지 나눈다. 다음은 3으로 더 나누어지지 않을 때까지 나눈다.

따라서
$36 = 2 \times 2 \times 3 \times 3$
이 된다.

✦ **70의 예**

```
2 ) 70
5 ) 35
     7
```

작은 소수부터 순서대로
2, 3, 5와 같이
더 나누어지지 않을 때까지 나눈다.

따라서
$70 = 2 \times 5 \times 7$
이 된다.

✦ 계산을 쉽게 만들어 주는 약수와 배수

"그럼, 다음으로 최대공약수 구하는 방법을 설명할게." 유나가 말했습니다.

"우선 공약수에 관해 먼저 이야기해 보자. 12는 2로 나누어떨어져. 18도 2로 나누어떨어지지. 이 경우, 2는 12와 18의 공약수라고 해. 공약수라는 건 '공통되는 약수'라는 의미거든."

유나가 계속 설명했습니다.

"공약수 중에서 가장 큰 수를 '최대공약수'[10]라고 해. 그럼 다음 화면을 한번 볼까?"

최대공약수 구하는 방법

✦ 12와 18의 경우

① 우선 12와 18을 각각 소인수분해한다.

$12 = 2 \times 2 \times 3 \qquad 18 = 2 \times 3 \times 3$

② 그것을 비교하여 공통되는 약수를 골라낸다.

2×3

③ 그것이 최대공약수다.

최대공약수 $2 \times 3 = 6$

"방법은 이해했겠지만, 조금 더 계산을 간단하게 할 수 있어." 유나가 말했습니다.

"최대공약수를 구하는 세로식 계산이야. 나눗셈을 이용한 방법이라고도 부르지."

최대공약수 (나눗셈을 이용하는 법)

✦ **12와 18의 예**

① 12와 18을 나란히 쓰고 작은 소수부터 순서대로 12, 18을 모두 나눌 수 있을 때까지 반복한다.

② 그 소수를 곱한 것이 최대공약수이다.

$$\begin{array}{r} 2\,\overline{)\,12\quad 18\,} \\ 3\,\overline{)6\quad9\,} \\ 2\quad3 \end{array} \qquad 2 \times 3 = 6$$

(최대공약수는 6)

---

10 최대공약수를 GCM이라고도 함. GCM은 영어로 최대공약수를 나타내는 Greatest Common Measure의 약자임.

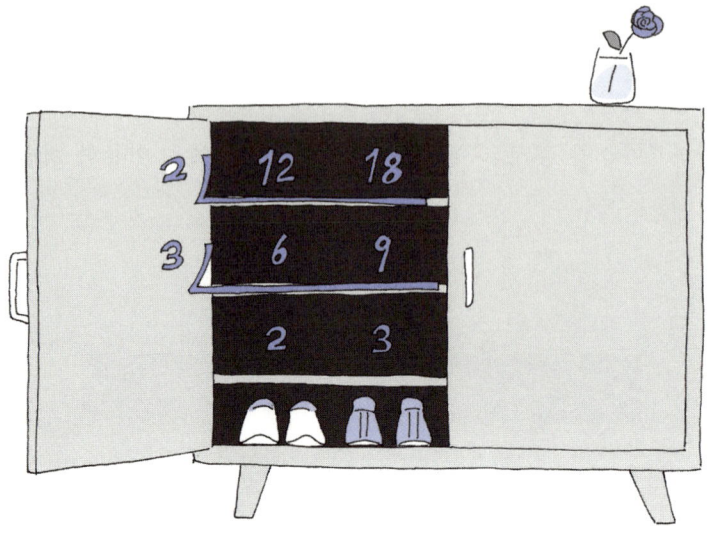

"나눗셈을 이용한 방법으로 최소공배수도 계산할 수 있어." 유나가 이어서 설명했습니다.

"배수라는 건 어떤 수를 2배, 3배, 4배……한 수를 의미했지?

공배수라는 건 어떤 수의 몇 배인 수이면서 동시에 또 다른 수의 몇 배인 수를 말해. 공통되는 배수라는 의미야.

예를 들어, 3의 배수는 3, 6, 9, 12, 15, 18, 21, 24, …가 되지. 4의 배수는 4, 8, 12, 16, 20, 24……가 돼. 그러면 12, 24, …가 3과 4의 공배수가 된다는 것을 알 수 있어.

공배수 중에서 가장 작은 수가 최소공배수야.[11]"

유나가 설명을 계속했습니다.

"최소공배수 구하는 법을 예를 들어 설명해 볼게."

---

[11] 최소공배수를 LCM이라고도 함. LCM은 영어로 최소공배수를 나타내는 Least Common Multiple의 약자임.

최소공배수 구하는 법

✦ **12와 18의 예**

① 우선 12와 18를 소인수분해한다.

$$12 = \boxed{2 \times 2} \times 3$$
$$18 = 2 \times \boxed{3 \times 3}$$

$$\boxed{2 \times 2} \times \boxed{3 \times 3}$$

② 양쪽의 곱셈을 포함한 가장 작은 곱셈을 만들면 그것이 최소공배수이다.

$$2 \times 2 \times 3 \times 3 = 36 \text{ (최소공배수)}$$

같은 계산을 나눗셈을 이용하여 계산할 수 있다.
작은 순서대로 소수로 더 나눌 수 없을 때까지 나눈다.
바깥쪽 수를 ㄴ자 모양으로 곱셈하면 최소공배수가 된다.

$$\begin{array}{r|rr} 2 & 12 & 18 \\ \hline 3 & 6 & 9 \\ \hline & 2 & 3 \end{array}$$

$$2 \times 3 \times 2 \times 3 = 36$$

(12와 18의 최소공배수는 36이다.)

"최소공배수는 분수의 덧셈과 뺄셈에서 통분이 필요할 때 새 분모를 구하는 데 도움이 돼." 유나가 말했습니다.

"그런데 분수의 덧셈과 뺄셈은 3개 이상의 분수를 계산할 때도 있잖아. 그래서 3개 이상의 수의 최소공배수 구하는 방법을 알려 줄게."

세 수의 최소공배수 구하는 법

✦ **12, 18, 20의 예**

세 수를 2, 3…… 순서로 나뉘지 않을 때까지 나눈다.
세 수 중 두 수밖에 나뉘지 않을 때는 나뉘지 않는 수는 그대로 아래로 내린다. 나누지 않았다는 표시로 괄호( ) 표시를 해 둔다.
마지막에 L자 모양으로 곱셈한 결과가 최소공배수이다.

```
2 ) 12    18    20
3 )  6     9   (10)
2 )  2    (3)   10
     1     3     5
```

2 × 3 × 2 × 1 × 3 × 5 = 180

(12, 18, 20의 최소공배수는 180이다.)

"이 예시에서 보면 분모가 12, 18, 20인 분수의 덧셈과 뺄셈을 할 때, 분모가 180이 되도록 통분하면 되는 거야.

나눗셈을 사용하여 최소공배수를 구하지 않고 12 × 18 × 20 = 4320을 분모로 해서 통분하는 것보다 훨씬 계산이 간단하지?"

✦ 비에 관한 이야기

"배수, 약수와 아주 비슷한 것이 '비'야." 지호가 말했습니다.

"비는 초등학교에서 배웠니?"

"조금 배웠어요." 장미가 대답했습니다.

"간장과 설탕이 3 : 2 이런 거요."

"맞아. 그거야." 지호가 말했습니다.

"다음 화면을 한번 보자."

비에 관한 이야기

비는 수와 수를 나누어서 비교하는 것을 말한다.[12]

$2 : 3$
(2 대 3)

$\dfrac{2}{3}$ ⟶ 양쪽 다 $2 \div 3$을 나타낸다.

$2 : 3$은 비다. $\dfrac{2}{3}$는 분수다.

양쪽 모두 정체는 나눗셈이다.

분수는 나눗셈의 답을 하나의 수처럼 나타내는 것이다.

비는 나눗셈의 나누는 수, 나누어지는 수를 그대로 수로 나타낸 것이다.

지호가 설명했습니다.

"비는 나눗셈, 분수와 같은 것으로 볼 수 있어. 그래서 분수와 마찬가지로 양쪽의 수에 같은 수를 곱하거나 같은 수로 나누어도 상관없어."

---

[12] 두 수를 비교하는 방법에는 한 수에서 다른 수를 빼서 크기를 비교하는 방법도 있음.

비의 계산

$$2 : 3 = 4 : 6$$

(각각의 수에 2 를 곱해도 된다.)

✦ 참고 $\dfrac{2}{3} = \dfrac{4}{6}$

여기서 다음 관계에 주의하자.

$$2 : 3 = 4 : 6$$

내항

외항

$$3 \times 4 = 2 \times 6$$

이 관계를 '비례식[13]에서 내항의 곱은 외항의 곱과 같다'라고 한다.
내항은 비례식의 안쪽에 있는 2개의 수를 가리키고,
외항은 비례식의 바깥쪽에 있는 2개의 수를 가리킨다.

"'내항의 곱은 외항의 곱과 같으므로' 2 : 3 = □ : 15에서 □에 들어

---

[13] 비의 값이 같은 두 비를 2 : 3 = 4 : 6과 같이 등식으로 나타낸 식을 비례식이라고 함.

갈 수가 무엇인지 묻는 문제를 풀 수가 있는 거야. 3 x □ = 2 x 15에서 □ = 2 x 15 ÷ 3이므로 □는 10이 되겠지?" 지호가 말했습니다.

✦ 세 사람의 몸무게의 비

지호가 계속 이어서 말했습니다.
"비는 수와 수의 크기를 비교하는 것이므로 3개 이상의 수를 비교하는 연비를 만들 수가 있어.
예를 들어 장미와 잎새의 몸무게의 비가 4 : 3이고, 잎새와 엄마의 몸무게가 2 : 5라고 할 때 세 사람의 몸무게의 비는 어떻게 될까? 이런 걸 연비라고 해."

연비

✦ **장미, 잎새, 엄마의 몸무게의 비를 구하는 법**

장미	:	잎새	:	엄마
4	:	3		
		2	:	5
8	:	6	:	15

✦ **연비를 구하는 법**

① 비가 겹치는 부분(잎새)의 2와 3의 최소공배수를 구한다. … 6

② 4 : 3 = □ : 6이 될 수 있는 □를 구한다. … 8

③ 2 : 5 = 6 : □이 될 수 있는 □를 구한다. … 15

④ 장미, 잎새, 엄마의 몸무게의 비는 다음과 같다.

$$8 : 6 : 15$$

"자, 이제 그럼 이 건물 밖으로 나가 볼까?" 유나가 말했습니다.

'넘버랜드를 한 바퀴 다 돌았구나.' 장미는 생각했습니다.

집을 나선 후 이미 며칠이 지난 듯한 느낌이 들었습니다. 반면, 아주 잠깐이었던 것 같은 느낌도 들었고요.

'게다가 여기저기에 열리지 않는 문과 들어갈 수 없는 입구, 아직 완성되지 않은 건물도 있었어.'

또 올 수 있다면 와 보고 싶다고 장미는 생각했습니다.

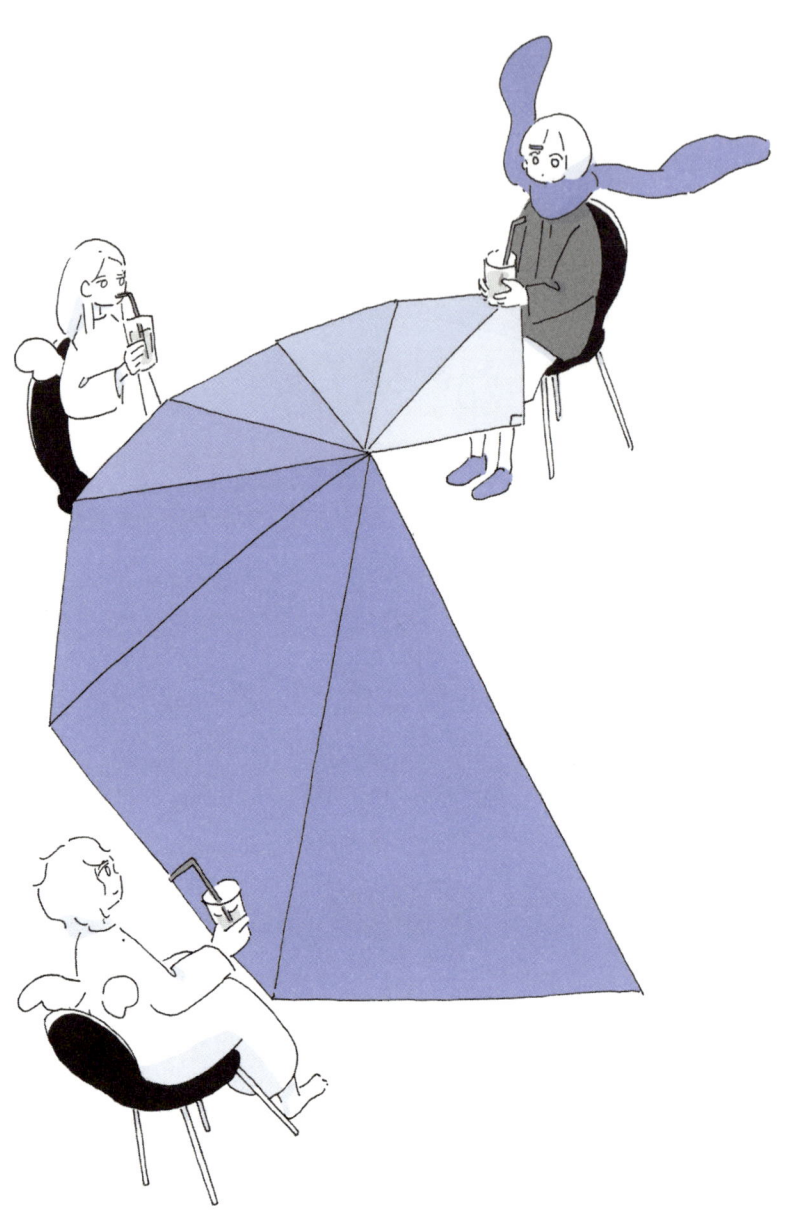

장미 일행이 '약수와 배수' 건물을 나와 오른쪽으로 돌자 작고 귀여운 건물이 눈에 들어왔습니다. 벽은 주황색이고 지붕이 비스듬히 기울어져 있었습니다.

"저기에 가는 거예요?" 장미가 물었습니다.

"응, 맞아, 저곳은 카페테리아야. 주스나 샌드위치 같은 걸 먹는 곳이지." 유나가 말했습니다.

넘버랜드의 건물은 모두 야간 조명을 받아 빛나고 있었고 깔끔하게 관리되어 있습니다. 카페테리아 건너편에는 아직 가 보지 않은 건물이 여러 동 늘어서 있는 것이 보였습니다.

"저 건물도 모두 수학과 관련된 건물이에요?" 장미가 물었습니다.

"응, 그렇긴 한데 좀 더 어려운 수학 건물이란다." 지호가 말했습니다.

"중학생, 고등학생, 대학생, 대학원생이 배우는 것에 관한 설명을 들을 수 있는 곳이야."

 ## 계산은 귀찮아

카페테리아에 들어가자 세련되고 깔끔한 테이블이 늘어서 있었습니다.

'멋지다, 이렇게 멋진 카페테리아가 우리 집 근처에도 있으면 좋을 텐데.' 장미는 생각했습니다.

지호가 세 명분의 주스를 가지고 왔습니다.

"장미는 수학을 좋아하지?" 유나가 물었습니다.
"수학의 원리를 생각하는 건 좋지만 계산은 싫어요. 귀찮아요." 장미가 말했습니다.
"맞아, 계산은 귀찮아. 그래서 되도록 계산을 하지 않아. 이게 올바른 수학이야." 지호가 말했습니다.
"되도록 계산하지 않는다고요? 어떻게요?" 장미가 물었습니다.
"간단한 방법이 여러 가지 있으니까 그것들을 외워 두면 좋아." 지호가 대답했습니다.

"장미는 곱셈 구구를 외웠지? 곱셈 구구로 곱셈을 할 때는 생각하지 않고 자동으로 답을 구하잖아. 그러니까 곱셈 구구 외에도 자주 사용하는 계산은 외워 두면 도움이 돼. 그럼 계산 실수도 없어지고." 유나가 말했습니다.
"자주 사용하는 계산은 예를 들어, 어떤 걸까?"

유나가 카페테리아 벽의 모니터 화면에 표를 띄웠습니다.

외워 두면 편리한 계산

✦ 제곱

11 × 11 = 121
12 × 12 = 144
13 × 13 = 169
14 × 14 = 196
15 × 15 = 225
16 × 16 = 256
17 × 17 = 289
18 × 18 = 324
19 × 19 = 361

✦ 거듭제곱

2^2 = 4
2^3 = 8
2^4 = 16
2^5 = 32
2^6 = 64
2^7 = 128
2^8 = 256
2^9 = 512
2^{10} = 1024
2^{11} = 2048
2^{12} = 4096

3^2 = 9
3^3 = 27
3^4 = 81
3^5 = 243
3^6 = 729
5^2 = 25
5^3 = 125
6^2 = 36
6^3 = 216
6^4 = 1296
7^2 = 49
7^3 = 343
11^2 = 121
11^3 = 1331

거듭제곱이란, 같은 수를 여러 번 곱한 것을 의미한다.

"외워 두면 정말 편리할 것 같아요." 장미가 말했습니다.

"그런 거 또 없어요?"

"있지. 이런 것도 있어. 두 자리 수의 곱셈에서 십의 자리가 같은 수이고 일의 자리가 더해서 10이 되는 경우, 간단하게 답을 얻을 수 있어." 유나가 말했습니다. "그 외에도 더 있고."

신기한 계산 (1) 이건 정말 대단해!

✦ **두 자리 수끼리의 곱셈에서 십의 자리가 같은 수이고, 일의 자리를 더하면 10이 되는 경우**

이 조건이 갖추어졌을 때
간단하게 답을 낼 수 있는 계산 방법이 있다.
일의 자리는 그대로 곱하고,
십의 자리는 한쪽 수에 1을 더하여 곱한다.

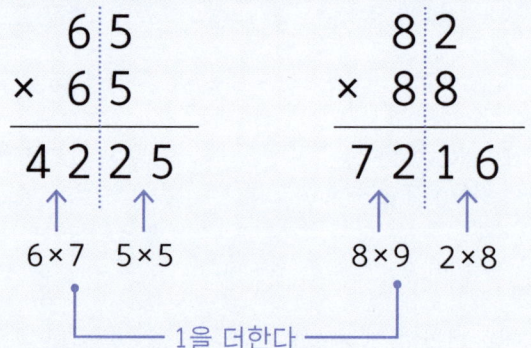

신기한 계산 (2) 이건 정말 대단해!

✦ **십의 자리가 같고 일의 자리가 1인 수들의 곱셈**

[예 1] 61×61 = (60 + 1) × (60 + 1)

　　　　　　= 60 × 60 + 60 × 2 + 1 × 1

　　　　　　= 3600 + 120 + 1　　이 부분이 간단하다!

　　　　　　= 3721

✦ **십의 자리가 같고 일의 자리가 9인 수들의 곱셈**

[예 2] 39×39 = (40 − 1) × (40 − 1)

　　　　　　= 40 × 40 − 40 × 2 + 1 × 1

　　　　　　= 1600 − 80 + 1　　이 부분이 간단하다!

　　　　　　= 1521

✦ **십의 자리가 1 차이가 나고, 일의 자리가 1과 9인 두 수의 곱셈 (차가 2인 수들의 곱셈)**

[예 3] 51×49 = (50 + 1) × (50 − 1)

　　　　　　= 50 × 50 + 50 × 1 − 50 × 1 − 1 × 1

　　　　　　= 2500 − 1　　이 부분이 간단하다!

　　　　　　= 2499

"계산하는 법 알겠니?" 유나가 말했습니다.

"우와, 정말 간단해요. 금방 답이 나오네요." 장미가 말했습니다.

✦ 여러 수의 덧셈을 간단히 할 수 있다

"여러 수를 더하는 방법 중에서 이게 유명한데 혹시 알아?" 유나가 물었습니다.

"1 + 2 + 3 + …… 10까지 더하면 몇이 될까?"

"들어 본 적은 있어요." 장미가 말했습니다.

여러 수를 더하는 방법

$$1 + 2 + 3 + 4 + 5 + 6 + 7 + 8 + 9 + 10 = ?$$

하나하나 계산하지 않고도 답을 구할 수 있다.

"정답은 55야. 이렇게 생각해 보는 거야." 유나가 설명했습니다.

수열의 덧셈

1 + 2 + 3 + 4 + 5 + 6 + 7 + 8 + 9 + 10은,

$$(\underset{\text{첫 번째 수}}{1} + \underset{\text{마지막 수}}{10}) \times \underset{\text{숫자 개수}}{10} \times \frac{1}{2}$$

이렇게 계산할 수 있다. 답은 55가 된다.

그 이유는 다음과 같다.

1부터 10까지 더한 계산의 답을 □라고 하자.

10부터 1까지 거꾸로 더해도 답은 같으므로

다음 줄에 쓴다. 윗줄과 아랫줄의 수를 더한다.

```
  1 +  2 + 3 + 4 + 5 + 6 + 7 + 8 + 9 + 10 = □
+10 +  9 + 8 + 7 + 6 + 5 + 4 + 3 + 2 +  1 = □
─────────────────────────────────────────────
 11 + 11 +11 +11 +11 +11 +11 +11 +11 + 11 = □ × 2
```

$$11 \times 10 = □ \times 2$$
$$□ = 11 \times 10 \div 2$$
$$= 11 \times 5$$
$$= 55(\text{정답})$$

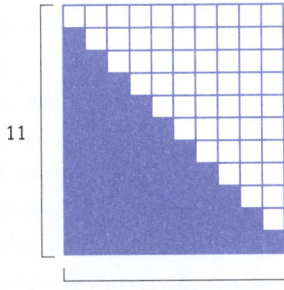

이 계산은 밑변이 10, 높이가 11인
삼각형의 넓이를 구하는 것과 같으므로

$$10 \times 11 \div 2$$

로 계산할 수도 있다는 것도 알아두자.

"1부터 100까지 더하면 몇이 되는지도 이 방법으로 계산할 수 있어." 유나가 말했습니다.

"101 × 100 ÷ 2, 그러니까 5050이 되지."

✦ 식을 자세히 살펴보자

"계산을 간단히 하려면 허둥지둥 바로 계산에 들어가지 말고 차분히 식을 세우고 어떤 계산을 할지 전체의 흐름을 파악하는 게 중요해." 지호가 말했습니다.

"예를 들어, 다음 문제를 한번 볼까?"

식을 세워 보자

문제 반지름이 10cm인 원기둥 용기에 물이 높이 5cm만큼 들어 있다. 이것을 반지름이 5cm인 원기둥 용기에 옮기면 물은 높이 몇 cm가 될까?

계산을 간단히 하는 법

[시간이 오래 걸리는 계산법]

물의 양 = $\underline{10 \times 10 \times 3.14} \times \underline{5}$ = 1570(cm³)
　　　　　　밑면의 넓이　　　　 높이

높이 = 1570 ÷ ($\underline{5 \times 5 \times 3.14}$) = 20(cm)
　　　　　　　　　밑면의 넓이

계산하느라 고생하셨습니다!

[똑똑한 계산법]

높이 = $\dfrac{\text{물의 양}}{\text{밑면의 넓이}}$ = $\dfrac{\overset{2}{\cancel{10}} \times \overset{2}{\cancel{10}} \times \overset{1}{\cancel{3.14}} \times 5}{\underset{1}{\cancel{5}} \times \underset{1}{\cancel{5}} \times \underset{1}{\cancel{3.14}}}$ = 20(cm)

3초밖에 안 걸려요!

"여기에서 얻을 수 있는 교훈은 당황하여 성급하게 계산하지 말 것. 좀 더 간단한 방법이 없을까, 항상 생각하는 것이 매우 중요해."

"계산을 빠르게 하는 게 대단한 건 줄 알았어요." 장미가 말했습니다.

"계산은 귀찮은 거잖아. 그러니까 되도록 계산을 하지 않아. 이것이 넘버랜드의 방식이야. 수학자 중에는 계산을 잘 못 하는 사람이 많아." 지호가 말했습니다.

"정말요?" 장미는 조금 놀랐습니다.

지호가 계속해서 설명했습니다.

"계산을 할 수 없다면 곤란하지. 하지만 할 수 있다고 해서 충분한 건 아냐. 수학에서 중요한 건 조금이라도 간단하게 풀 수 있는 지름길은 없는지 생각하는 거야. 계산보다 생각하는 법을 아는 것이 중요해."

장미는 계산이 그리 능숙하지 않기 때문에 귀가 솔깃해졌습니다. 계산하지 않고 생각만 해도 된다면 수학도 즐거울지 모르겠습니다.

✦ 수학자가 보낸 도전장

"초등학교에서는 배우지 않지만 신기한 수 이야기를 해 볼까? 그건 정사각형의 대각선에 관한 이야기야." 지호가 기쁜 듯이 말했습니다.

"한 변의 길이가 1인 정사각형의 대각선의 길이는 얼마가 될까? 이 문제는 고대 그리스 수학자가 생각했던 문제야. 간단해 보이는데 오랫동안 답을 얻지 못했어.

이 그림을 한번 보자."

지호가 화면에 그림을 띄웠습니다.

정사각형의 대각선

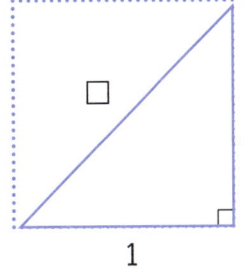

피타고라스의 정리가 성립하므로

$1 × 1 + 1 × 1 = □ × □$

$2 = □ × □$

즉, □는 제곱하면 2가 되는 수이다.
이 수를 계산해 보면 되풀이되지 않고 끝없이 이어지는 소수가 된다.
약 1.4142이다.

"이상하네요." 장미가 말했습니다. "왜냐하면, 이 비스듬한 선은 그릴 수 있잖아요? 그러니까 길이가 있는 거 아니에요? 그런데 그 길이를 소수를 사용하여 명확히 나타낼 수 없다니 이상해요."

"사실 이 선의 길이는 유한 소수나 분수로 나타낼 수 없다는 것이 증명되었어." 지호가 말했습니다.

"제곱하면 2가 되는 수가 분명히 존재하는 거지." 지호가 설명을 이어갔습니다.

"이렇게 해서 발견한 수를 2의 제곱근이라고 하고 $\sqrt{2}$ (루트 이)라고 써. 이런 식으로 제곱하면 3이 되는 수, 5가 되는 수……도 그림으로 나타낼 수가 있어."

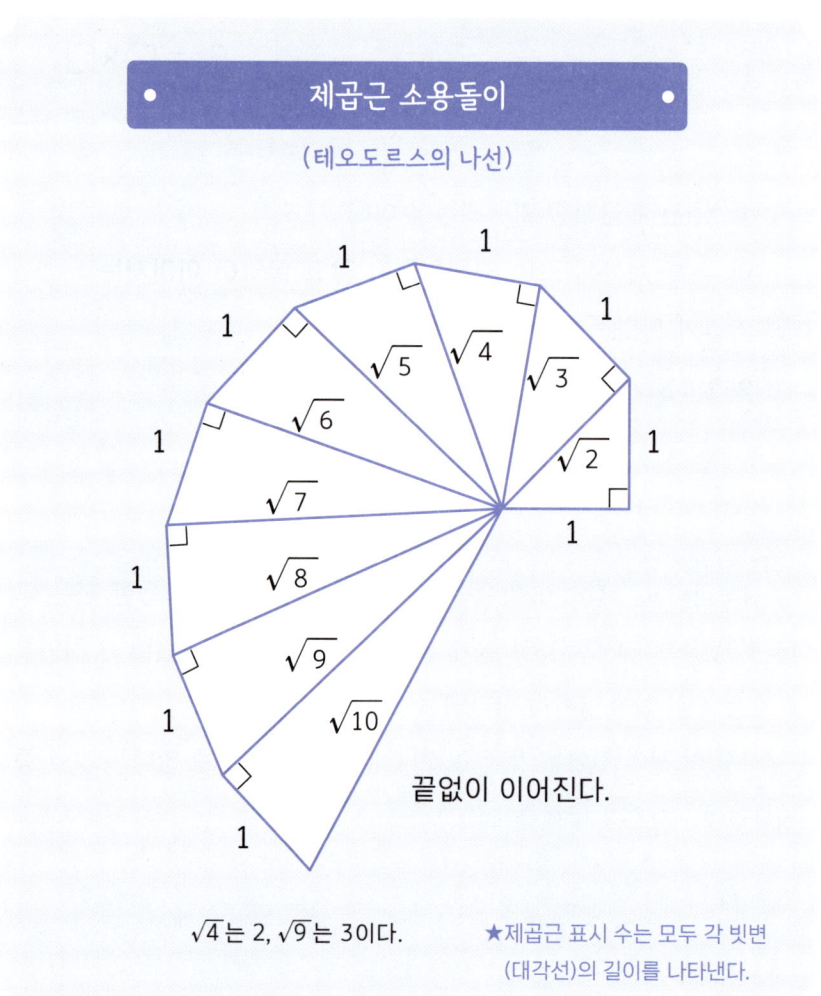

제곱근 소용돌이
(테오도르스의 나선)

끝없이 이어진다.

$\sqrt{4}$는 2, $\sqrt{9}$는 3이다.

★제곱근 표시 수는 모두 각 빗변(대각선)의 길이를 나타낸다.

지호가 설명을 계속했습니다.

"이렇게 새로운 수가 발견될 때마다 넘버랜드는 땅이 넓어지고 건물이 늘어가는 거야. 그래서 지금도 이곳저곳 공사 중이야."

그 이야기를 듣자 장미는 왠지 넘버랜드를 응원하고 싶어졌습니다. 왜냐하면, 모든 사람이 잠든 한밤중에도 훌륭한 수학의 세계를 만들기 위해 힘쓰고 있기 때문입니다.

그러자 장미는 다시 목구멍이 간질간질해졌습니다.

그래서 노래를 부르기 시작했습니다.

수학이란 건, 수학이란 건,
계산만 있는 건 아냐.
계산보다 중요한 건 말이지,
계산하지 않아도 되도록
간단하게 간단하게 생각하는 것.
그러면 아주 편해, 아주 편해.
바라바라밤.
그러면 수도 기뻐해.
그러면 모두가 기뻐해.
그래서 넘버랜드가
너무 좋아, 너무 좋아.
바라바라밤.

장미는 계속 마음에 걸렸던 것을 물어보았습니다.

"지호와 유나는 어떻게 태어난 거예요? 왜 여기에 살아요?"

지호와 유나가 서로 얼굴을 마주 보았습니다.

그러고는 지호가 말했습니다.

"그건 인간의 세계에서 모두가 수학을 배우면서 '아 재미있다, 즐겁다' 하고 감동하면 선택 받아서 이 넘버랜드에 태어나는 거야. 천사로 말이지. 하지만 원래의 내가 누구였는지는 잊어버리게 돼."

"원래의 자신은 사라져 버린다는 거예요?" 장미가 걱정스러운 듯이 물었습니다.

"아니, 원래 모습대로 잘 살고 있을 거야. 자신이 천사가 되어 넘버랜드에 와 있다는 것도 모를걸." 지호가 말했습니다.

유나도 말했습니다.

"있잖아, 천사의 역할은 초등학교에서 수학을 배우거나 중학교, 고등학교에서 수학을 공부하는 아이들을 넘버랜드로 안내하는 일이야. 수학의 세계가 얼마나 멋진지 전해 주는 일이지. 그래서 인간 세계가 더욱 좋은 곳이 되도록 도와주는 일을 해."

"하지만 넘버랜드에 관해서는 여태까지 한 번도 들어 본 적이 없는데요." 장미가 말했습니다.

"넘버랜드에서 보고 들은 것은 꿈처럼 아무도 기억하지 못하니까. 기억하지는 않지만 머릿속에 소중하게 간직되어 있어."

"그럼 나도 넘버랜드에서 있었던 일을 잊어버리는 거예요?" 장미가 물었습니다.

"잠에서 깨면 넘버랜드를 기억하지 못할 거야. 기억하지는 못하지만 잊어버린 게 아니라 수학과 친한 친구가 된 거야."

지호가 말했습니다.

"넘버랜드에 관해 쓴 책도 있다고 하니까 그런 책을 읽으면 떠오를지도 모르지만."

✦ 검은 드론의 정체는……

장미는 아직 묻고 싶은 것이 더 있었습니다.

"왜 넘버랜드 밖의 세계에서는 시간이 멈춰 있는 거예요?"

지호가 대답했습니다.

"그건 말이야, 넘버랜드는 수학 나라이니까 실제 세계와는 다른 원리로 움직이기 때문이야. 수는 실제 세계의 핵심 같은 것인데 핵심만을 빼낼 수 있어. 그것이 넘버랜드야. 그래서 실제 세계의 시간을 따르지 않아."

"그러면 지호랑 유나는 나이를 먹지 않아요?"

"응, 나이를 먹지 않아." 지호가 말했습니다. "하지만 인간 아이들이 '수학이 즐겁다, 재미있다'라고 생각하지 않게 되면 전파 같은 것이 충분히 우리에게 도달하지 않아서 천사는 점점 기운을 잃어가. 그러다가 결국에는 사라져 버리고 말지."

"그렇구나." 장미는 깜짝 놀라서 말했습니다.

"응, 그래." 유나가 말했습니다.

지호가 다시 말했습니다.

"수학이 싫다거나 수학 따위 없었으면 좋겠다고 생각하는 아이들이 최근 늘고 있어. 모두가 그렇게 생각하면 그 마음이 검은 덩어리가 되어 넘버랜드로 날아와. 때때로 드론이 추락하는 거 봤지? 그건 인간 세계에서 날아온 거야."

"진짜요?" 장미가 물었습니다.

"응, 하지만 별거 아니야. 드론이 떨어질 때 부딪히지 않도록 조심하면 되는 거니까."

그때 장미는 유나의 목덜미에 작은 멍이 있는 것을 발견했습니다. '나랑 똑같은 자리에 멍이 있네'라고 장미는 생각했습니다.

✦ 넘버랜드에서 귀환하다

장미는 큰맘 먹고 물어보았습니다.

"나는 어떻게 다시 원래 세계로 돌아가는 거예요?"

유나가 말했습니다.

"돌아가는 길은 전파처럼 날아가는 거라서 걷지 않아도 돼."

지호가 말했습니다.

"장미는 넘버랜드의 건물들을 돌아다니는 사이에 자기도 모르게 머릿속이 초등학교 고학년처럼 점점 바뀌었어. 알아차렸어?"

그러고 보니 장미는 왠지 머리가 맑아지고 두뇌 회전이 빨라진 느낌이 들었습니다.

"초등학교 범위는 거의 끝났으니 오늘 밤은 여기까지 할까?"

"중학교, 고등학교에 가서 또 넘버랜드에 와도 돼요?" 장미가 물었습니다.

"넘버랜드에 오고 싶다고 생각하기만 하면 누구라도 올 수 있어." 유나가 말했습니다.

"진짜 올 수 있어요?"

"그럼, 진짜 올 수 있지."

그 이야기에 장미는 기분이 좋아져서 이런저런 이야기를 했습니다. 아홉 살이 되면 하고 싶었던 일. 좋아하는 음식. 최근 재미있었던 일 등.

뭐니 뭐니 해도 어제는 아홉 살 생일이었거든요.

지호와 유나는 즐거운 듯이 장미의 이야기를 들어 주었습니다. 때때로 "그건 왜지?"라고 질문도 했습니다.

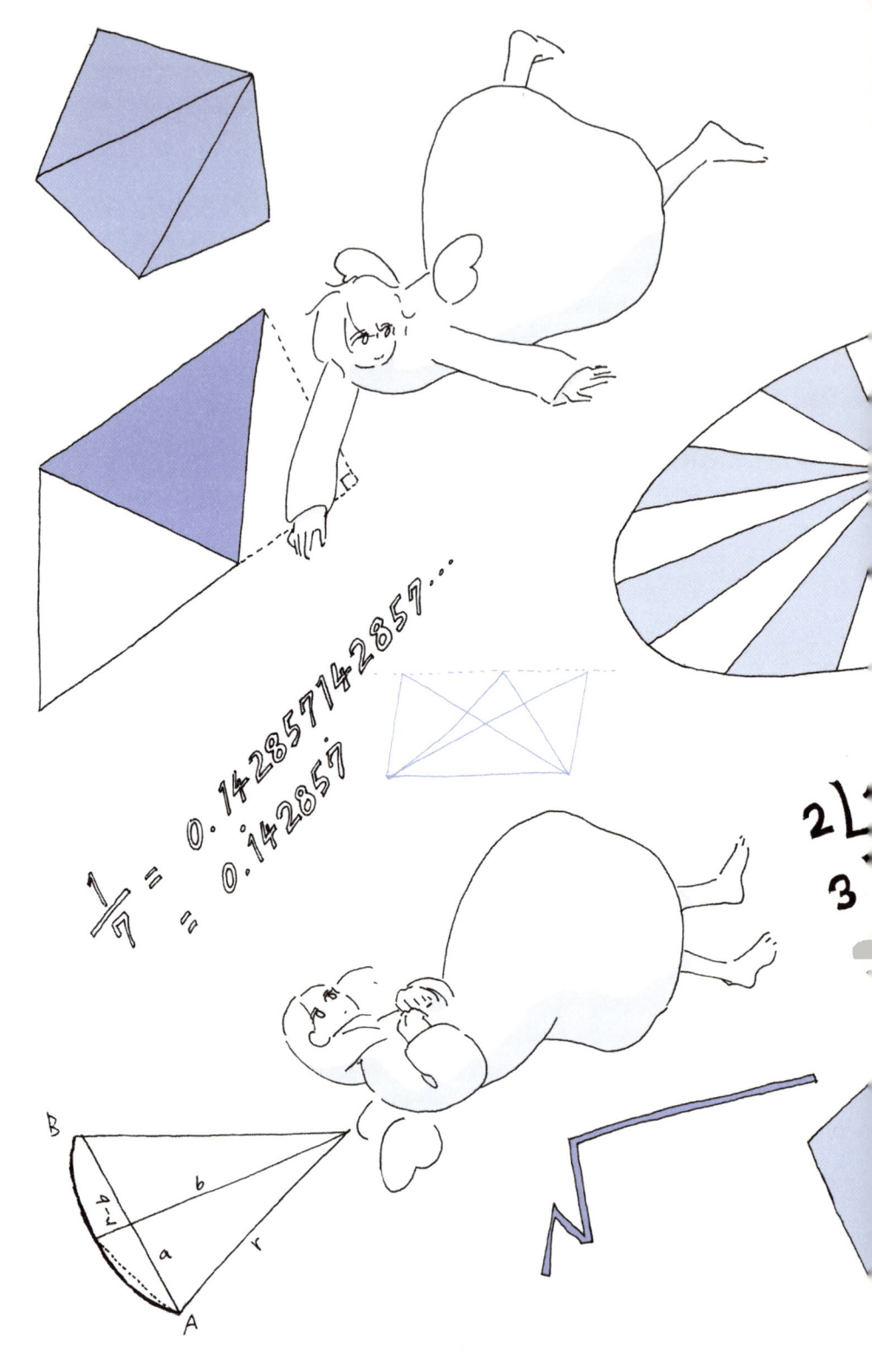

그러는 사이에 장미는 눈앞이 점점 새하얗게 변하는 것을 느꼈습니다. 빈혈로 쓰러지기 직전처럼 색채가 점점 사라져가는 겁니다. 하지만 몸 상태가 나쁘기보다는 오히려 아주 좋았습니다.

"왠지 이상해요." 말하려고 했지만 장미의 몸이 말을 듣지 않았습니다.

카페테리아의 탁자와 의자, 지호와 유나도 색과 형체가 점점 희미해져 갔습니다. 동시에 장미는 자신도 몸의 형태가 희미해지면서 사라져 가는 듯한 기분이 들었습니다.

……

✦ 넘버랜드에서 온 선물

장미는 여느 때처럼 방에서 눈을 떴습니다.

언제나처럼 부모님께 "안녕히 주무셨어요?" 인사하고, 여느 때처럼 아침밥을 먹고 학교에 갔습니다. 왠지 긴 꿈을 꾼 듯한 기분이 들었지만, 꿈은 그야말로 꿈처럼 어디론가 가버렸습니다.

달라진 것은 아무것도 없었습니다.

단 하나를 빼고는.

장미가 학교에서 집에 돌아오자 책상 위에 책이 한 권 놓여 있었습니다. 책의 표지에는 이렇게 쓰여 있었습니다.

《넘버랜드》

✳ 마치며 ✳

우리 친구들, 넘버랜드 여행은 즐겁게 다녀왔나요?
즐거운 시간을 보냈다면 저자로서도 무척 기쁘겠어요.

여러분, 수는 어디에 있는 걸까요?
물체는 이 세상에 존재하지요. 인간도 형체를 가진 존재이므로 이 세상에 존재합니다. 하지만 수는 물체가 아니라서 이 세상에는 없어요.
수학자는 말하지요. 수는 이 세상과는 다른 세계에 분명히 존재한다고요. 자신은 그것을 알고 있고 그 수의 세계를 탐험할 수 있다고요.
심리학자는 말하지요. 수는 인간의 머릿속에 있을 뿐이라고요. 인간이 없으면 수는 존재하지 않으며 수의 세계는 착각일 뿐이라고요.
저자인 저는 어느 쪽일까요? 이런 식으로 생각해 봤어요.
우주인이 있어요. 우주인도 수를 알고 있겠죠. 만약 우주인의 손가락이 8개라면 8진법이, 12개라면 12진법이 되지 않을까요? 우주인의 수학은 지구의 수학과 다를 거예요.
하지만 아마도 삼각형의 성질이나 피타고라스의 정리는 똑같을 거예요. 곱셈이나 분수, 소수의 성질도 아마 같을 거고요.
만약 우주인에게도 수학이 있다면 수는 인간만의 소유물은 아니게 되죠. 지구인에게도 우주인에게도 수학은 공통된 걸 거예요. 그리고 인간과의 관계가 없어도 수의 세계는 존재하는 게 틀림없다고 생각해요.
이건 정말 대단한 일인 것 같아요. 인간은 인간 나름대로 머리를 써서 생각하는 것만으로 인간을 초월한 우주의 신비를 깨달을 수 있는 거니까요. 수의 세계는 우주의 신비로 가는 입구예요. 수학은 그만큼 대단한 거지요.

인간은 아주 어린 아이도 수를 알지요. 점점 커가면서 수의 성질을 좀 더 깊이 알아가요. 어떻게 알까요? 인간은 그렇게 만들어진 존재이기 때문이에요.

그리고 수학은 하나뿐이에요. 전 세계에 한 종류.

국어는 나라마다 달라요. 지리와 역사도 나라마다 다르고요. 사는 장소에 따라 언어와 사회는 다르니까요.

하지만 수학, 그리고 과학은 나라는 다를지라도 내용은 같아요. 모두 같은 내용을 배우지요. 수학은 인류가 싸우지 않고 평화롭게 살아갈 수 있는 토대가 될 거예요. 저는 이렇게 대단한 수학을 무척 소중히 여깁니다. 그래서 이 책을 썼어요. 그리고 저는 넘버랜드가 있다고 믿고 있어요. 그렇게 믿으니까 이 책을 쓸 수 있었지요.

그러니까 이 책은 정말로 넘버랜드에서 여러분에게 보낸 선물이에요. 읽어주어 고마워요.

2022년 8월 1일 저자가

보호자 여러분께

이 책을 쓰게 된 이유를 우선 말씀드리고자 합니다.

저는 18살부터 정규 직장에 정착하기까지 20여 년간 과외 교습으로 학생들을 가르치며 생계를 유지했습니다. 초등학교 저학년부터 대입 수험생까지 수많은 학생들을 가르쳤습니다. 그 외에도 대학원의 자유 세미나에서 수학을 가르치기도 했습니다. 덕분에 초등학교 수학, 중·고등학교 수학이 장래의 전공으로 어떻게 연결되는지 그 흐름이 몸에 밸 정도로 잘 알고 있습니다.

제가 가르친 학생들은 모두 비슷한 곳에서 막히더군요. 거기서 '작은 도움'을 주기만 하면 곧 궤도에 올라 점점 실력이 늘었습니다. 가르치는 보람을 느끼는 한편, 복잡한 심정이 들기도 했습니다. 과외 교습을 받으려면 비용이 많이 들지요. 공부방이나 입시학원 역시 돈이 듭니다. '작은 도움'을 얻지 못하는 아이들은 어떻게 될까요? 방치될지도 모릅니다. 조금 막히는 부분이 점차 "수학은 도무지 모르겠어.", "수학은 정말 싫어."로 발전하여 그 아이의 장래의 문을 좁게 만드는 것은 아닐까요?

학교 교사들이 애쓰고 있다는 것은 잘 알고 있습니다. 하지만 수업 방식이 엄격하게 정해져 있어서 각 학생의 진도와 이해도에 따라 수업을 진행하는 것은 무리일 것입니다. 수업을 따라가지 못하면 뒤처지게 됩니다. 그런 식으로 본의 아니게 학교에서 괴로운 시간을 보내고 있는 아이들이 적지 않으리라 생각합니다.

학교 수학과 사이가 그리 좋지 않은 아이도 언젠가 분명히 수의 세계의 매력에 눈뜰 것입니다. 단지 수의 세계의 즐거움에 접할 기회가 없었을 뿐입니다. 그 기회를 만들고 싶어서 본서를 쓰기로 마음먹었습니다.

이 책은 교과서도 참고서도 문제집도 아닙니다. 그림책입니다. 이상한 나라에서 헤매는 앨리스처럼 장미는 넘버랜드에 초대받습니다. 그리고 수학의 비밀을 조금씩 배워 갑니다. 초등학교 수학에서 무엇을 가르치는지 전체를 조망할 수 있을 것입니다.

이 책은 학년이 없습니다. 1학년 처음부터 6학년까지, 아니 중학교와 고등학교 수학 내용까지 섞여 있습니다. 저학년 아이는 앞으로 어떤 것을 배울지 엿볼 수 있을 것입니다. 고학년 아이는 여태까지 배운 것의 복습을 겸하여 소설책처럼 즐길 수 있습니다.

누구든지 무엇인가를 이해할 수 있다는 것은 즐거운 일입니다. 즐겁지 않으면 수학이 아닙니다. 계산이 빠르든 느리든, 답을 맞히든 틀리든 그것은 부차적인 것입니다. 수학을 좋아했으면 좋겠다는 것이 저의 바람입니다.

2022년 8월 1일 하시즈메 다이사부로

하시즈메 다이사부로
(橋爪大三郎)

1948년 출생. 사회학자.
대학원대학 시젠칸(至善館) 교수 겸 도쿄공업대학교 명예교수. 도쿄대학교 대학원에서 사회학 연구 박사 과정을 거쳤다. 저서로 《처음 접하는 구조주의》, 《처음 접하는 언어 게임》, 《올바른 독서법》 《너무 재미있어서 잠 못 드는 사회학》, 《누가 정했는가? 사회의 불가사의》, 사회학자 오사와 마사치(大澤真幸)와 함께 쓴 《수상한 기독교》 등이 있다.
초등학교 저학년부터 대학 수험생까지 여러 학생에게 수학을 가르친 경험을 통해 학생들이 자주 걸려 넘어지는 부분에서 '작은 도움'을 주는 것의 중요성을 통감하여 본서를 집필하였다. 본서는 저자가 처음으로 쓴 아동용 수학책이다.

지은이 하시즈메 다이사부로(Daisaburo Hashizume)
대학원대학 시젠칸(至善館) 교수. 도쿄공업대학교 명예교수. 도쿄대학교 대학원 사회학연구 박사 과정을 거쳤다. 저서로 《처음 접하는 구조주의》, 《처음 접하는 언어 게임》, 《올바른 독서법》 《너무 재미있어서 잠 못 드는 사회학》, 《누가 정했는가? 사회의 불가사의》, 사회학자 오사와 마사치와 함께 쓴 《수상한 기독교》 등이 있다.

일러스트레이션 카시와이(Kashiwai)

옮긴이 최현영
연세대학교와 연세대학교 국제학대학원을 졸업하고 일본 문부과학성 장학생으로 릿쿄대학 사회학연구과 연구과정을 수료했다. 금융권 대기업 경영기획팀에서 근무하기도 했으며, 현재 영미서 및 일서를 기획·번역하고 있다. 역서로 『언어, 빛나는 삶의 비밀』, 『거꾸로 읽는 그리스 로마사』, 『오늘은 두부 내일은 당근 수프』, 『아이 마음의 힘을 키우는 부모의 그 말』 등이 있다.

신기한 수학 나라
넘버랜드

초판 1쇄 인쇄 2023년 7월 18일
초판 1쇄 발행 2023년 7월 27일

지은이 하시즈메 다이사부로 | **일러스트레이션** 카시와이 | **옮긴이** 최현영
발행인 박효상 | **편집장** 김현 | **기획·편집** 장경희, 김효정 | **디자인** 임정현
조판 조영라 | **마케팅** 이태호, 이전희 | **관리** 김태옥

종이 월드페이퍼 | **인쇄·제본** 예림인쇄·바인딩

출판등록 제10-1835호 | **발행처** 사람in | **주소** 04034 서울시 마포구 양화로 11길 14-10 (서교동) 3F
전화 02) 338-3555(代) | **팩스** 02) 338-3545 | **E-mail** saramin@netsgo.com
Website www.saramin.com

책값은 뒤표지에 있습니다.
파본은 바꾸어 드립니다.

ISBN 979-11-7101-000-4 73410

우아한 지적만보, 기민한 실사구시 **사람in**